Tequila!

Die schönsten Bilder,
Legenden und Rezepte rund
um Mexikos Lebenselixier

Tequila!

Die schönsten Bilder, Legenden und Rezepte rund um Mexikos Lebenselixier

Vorwort

CARLOS MONSIVÁIS

Fotografien

MICHAEL CALDERWOOD

Text

ENRIQUE MARTÍNEZ LIMÓN

Die Originalausgabe erschien 1998 in Mexiko unter dem Titel
»Tequila« bei Revimundo, S.A. de C.V.
© Revimundo, S.A. de C.V.
All rights reserved

Deutschsprachige Ausgabe:
© Gräfe und Unzer Verlag GmbH, München, / 5 4 3 2 1
Printed in Hongkong
Alle Rechte vorbehalten. Nachdruck, auch auszugsweise, sowie die
Verbreitung durch Film, Funk und Fernsehen, durch fotomecha-
nische Wiedergabe, Tonträger und Datenverarbeitungssysteme
jeglicher Art nur mit schriftlicher Genehmigung des Verlags.

Übersetzung aus dem Englischen: Verlagsbüro Meidenbauer •
Martin, München (Julia Nunes)
Projektleitung: Birgit Dollase, Marc Strittmatter
Redaktion und Satz: Verlagsbüro Meidenbauer • Martin, München
Umschlaggestaltung: Grafikhaus München
Illustrationen: Carmen Parra
Landkarte: Ana María García
Rezepte: María Dolores Torrres Yzábal
Food Stylist: Laura B. de Caraza

ISBN: 3-7742-5534-2

Seite 2-3: *Der Vulkan Tequilá, Jalisco.*
Links: *Landschaft außerhalb von Tequila.*

D a n k s a g u n g :

ING. MARCO ANGUIANO • CONNIE ACERO GUTIÉRREZ • GRACE ACERO (PHOENIX, AZ.) • BRÍGIDO ALVARADO JÁUREGUI • ABRAHAM ALVARADO JÁUREGUI • BRÍGIDO ALVARADO TORRES • LIC. AGUSTÍN BARRIOS GÓMEZ • LIC. CARLOS BERNAL • MARCO BUENINCK • ING. PEDRO BLAKE OLIVARES • MA. LUISA BETANCOURT GÓMEZ P. • ISABEL CAMARGO • IAN CHADWICK (http://www.georgian.net/rally/tequila/index.html) • ING. SERGIO CORREU GLEAVES • FEDERICO CATALANO • GUSTAVO CISNEROS GARCÍA • ING. FELIPE CAMARENA OROZCO - ING. CARLOS C. CAMARENA CURIEL • ING. FELIPE CAMARENA CURIEL • LIC. CARLOS CARRILLO • SRA. PATRICIA CARRILLO • LIC. SONIA ESPÍNDOLA DE LA LLAVE • SIGFRIDO ESCALANTE • ROXANA ESCALANTE • JENNIKATE ESTAVILLO • NIDIA ESQUIVEL DE GALÁN • LUCILLA FLORES DE CLAVÉ • FERNANDO GONZÁLEZ DE ANDA • FERNANDO GONZÁLEZ • LUZ MARÍA GONZÁLEZ • MARTÍN- JON GARCÍA URTIAGA • JULIO GONZÁLEZ ESTRADA • FRANCISCO J. GONZÁLEZ G. • LAURA GARCÍA DE ALBA • LIC. ANTONIO GUERRA AUTREY • MANUEL GUTIÉRREZ DELGADO • JESÚS HERNÁNDEZ • JUAN HERNÁNDEZ • LIC. PATRICIA IBARRA • PEDRO JUÁREZ • GRACIELA DE LA VEGA • JOSÉ LUIS FCO. LÓPEZ • MANUEL LÓPEZ CARIBAY • JEFF LUCKEROTH (http://pwp.value.net/reroof/tequila/index.html) • CARMEN MARÍNEZ COULSON • FRANCISCO MARTÍNEZ GONZÁLEZ • ENRIQUE MARTÍNEZ GUERRRERO • JORGE MASSÚ • ENRIQUE MÉNDEZ RUIZ • ORIOL MESTRE • LIC. IVALÚ MIRELES ESPARZA • PAUL PACULT (http://www.spiritjournal.com/) • LIC. JOSÉ LUIS PANTOJA PÉREZ • RUTH PEÓN • ING. JUAN CARLOS PIÑA TINAJERO • CARLOS PÉREZ • LEONARDO RODRÍGUEZ MORENO • FRANCISCO JAVIER ROMERO DUARTE • ING. SALVADOR ROSALES TORRES • VÍCTOR MANUEL ROSALES • FLOR RUVALCABA • ING. JAVIER SALGADO • LIC. HÉCTOR SÁNCHEZ CUEVAS • MARCO SANTA CRUZ • SILVIA SAUZA GUTIÉRREZ • JOSÉ FRANCISCO TORRES LANDA • JOSÉ GUADALUPE TORRES LÓPEZ • ING. MOISÉS TAVARES • LIC. RAMÓN VALDEZ GONZÁLEZ • BRIAN WEINER • RALPH WIDEMAN • ING. LUIS YERENAS RUVALCABA.

Inhalt

Vorwort   13

Einleitung   19

Tequila-Land: Wo und wie er wächst   23

Tequila-Herstellung: Eine Reise durch die Brennerei   49

Tequila trinken: Techniken, Tricks und Trinkermärchen   101

Tequila leben: Ein Getränk wird zum nationalen Symbol   125

Salud! Tequila-Bewertung; die besten Bars, Cocktails und Gerichte 153

Anmerkungen   180

Vorwort
Tequila mit Limette und andere Tischgespräche

Man kann es von zwei Seiten betrachten. Keine davon ist falsch, eigentlich ergänzen sich beide. Da ist einerseits der Tequila, das Öl, das die Mechanik des Machismo schmiert und den Geist betäubt. Auf der anderen Seite steht der Tequila, der Kennerdrink und gastronomische Hochgenuss für den anspruchsvollen Gaumen. Dieses Paradoxon entspringt einem Jahrhundert von sich langsam oder schnell verändernden Gewohnheiten und Bräuchen, einem Jahrhundert dynamischen, vorangetriebenen Wandels, einem Jahrhundert der triumphalen Fröhlichkeit ebenso wie der institutionalisierten Kritik am Machismo. Die Entwicklung des Tequilatrinkens zu verfolgen, heißt indirekt auch, die Geschichte und Wandlung verschiedener Rituale zu verfolgen: das Ritual der Mahlzeiten, das Ritual der todsicheren Tapferkeit, das Ritual männlicher Kameraderie, das Ritual der Angelegenheiten der Nacht und das Ritual des Feinschmeckers.

Aus dem hervorragenden Text von Enrique Martínez Limón erfährt man, dass Tequila in Mexiko seit 400 Jahren gebraut wird. Der Name Tequila bedeutet »Stein, der schneidet« und stammt von dem gleichnamigen ehemaligen Dorf, heute einer Stadt, im Staat Jalisco, wo das Klima zwischen gemäßigt und brütend heiß schwankt. Anfangs wurde Tequila aus den regionalen blauen, grünen oder aschfarbenen Agaven und Mezcals mit so klangvollen Namen wie *Azul Rayado*, *Siggüin*, *Criollo*, *Pata de Mula*, *Moraleño*, *Chato*, *Mano Larga*, *Bermejo*, *Zahuayo* und *Zopilote* gewonnen. Gegen Ende des 19. Jahrhunderts erlangte der Mezcal oder Tequila zum ersten Mal Berühmtheit, und diese Berühmtheit scheint ungebremst in alle Zukunft anzuhalten. Um das Jahr 1902 herum ordnete der deutsche Botaniker Weber, der sich dem Studium der verschiedenen Agavensorten gewidmet hatte, die Familie der *Agave tequilana azul* den Sukkulentengewächsen zu. So wie später der Name des Kartografen Amerigo Vespucci der Neuen Welt seinen Namen verlieh, wurde diese Agave schließlich unter der Bezeichnung *Agave tequilana Weber azul* bekannt (allerdings mit weniger weit reichenden Auswirkungen als im Falle Amerigos). Nach Martínez Limón ist für die Campesinos und die örtliche Bevölkerung die Weber ein Mezcal. Nach bescheidenen Anfängen während der Diktatur von Porfírio Díaz trat der Tequila seinen Siegeszug an und folgte dabei dem Verlauf und Schicksal der Mexikanischen Revolution. In Erzählungen, Romanen, Berichten und Fotos aus jener Zeit ist Tequila Funke und Glut der Pistole und des Gewehrs: »Wenn ich morgen getötet werde, sollte ich heute besser noch einen Drink genießen.« Mit den Worten des verwundeten Liebhabers von La Valentina:

>>Wenn du nicht willst, dass ich Tequila trinke, werde ich morgen sherry trinken. Wenn du mich nicht betrunken sehen willst, sorge ich dafür, dass du mich morgen nicht zu Gesicht bekommst.<<

Die romantische Aura, die der Revolution durch die Regierungen verliehen wurde und mit zu ihrer Legitimierung beitrug, sollte uns nicht vor den Fakten die Augen verschließen lassen: Wochen, Monate und Jahre von Auszehrung und Gräueltaten, gewaltsame Einnahme von Städten, gefolgt von Racheorgien, die Barbarei der Massen, die zeitversetzt das Gleiche taten, was ihre Führer ihnen vorgelebt hatten. Die Errungenschaften der Revolution sollten in den Kontext dieser grausamen Realität gestellt werden, einschließlich des Alkoholismus, den der Krieg erzeugte, eine dumpfe Gewohnheit all derer, die durch Ausbeutung bereits abgestumpft waren, Herren und Diener gleichermaßen. Eine Fabel, die den Ansprüchen der Mehrheit gerecht werden soll, besagt, dass die Trinksprüche auf die Revolution mit ihrer legendären einen Million Toten nie mit Champagner, sondern mit Tequila ausgebracht wurden. Die geographische Herkunft, die soziale Verwurzelung vieler Kämpfer, das Prestige, das der Drink erworben hatte, und dessen erstaunliche Fähigkeit, einen Aufstand der Sinne herbeizuführen, machten Tequila zum flüssigen Symbol eines bewaffneten Volkes. In Zeiten des Aufruhrs oder der Katastrophen, der Zelebrierung der Lebenskraft oder des tödlichen Kampfes gegen die Langeweile derer, denen ein tragisches Ende beschieden sein soll, in Zeiten der glücklichen oder unglücklichen Liebesaffairen machen die Menschen Gebrauch von verschiedenen Rauschmitteln, und in Mexiko steht an erster Stelle der Tequila.

Obwohl kaum zu beweisen, ist es keine Übertreibung, dass die Mexikanische Revolution mit ihrem Gewirr aus Mythos und Realität den Tequila in Verbindung gebracht hat mit Tapferkeit, mit der Ekstase des Überlebens, mit der Verzweiflung und Frustration der Kämpfer und all denen, die an den Konsequenzen des Krieges leiden müssen. Sein Etikett als »Getränk der Schützengräben« brachte den Tequila erst auf den Pfad der Industrialisierung. Pulque bleibt immer noch das Getränk des Campesino, und an heißen Partyabenden trinkt man Bier. Doch in der mythischen Welt der Patronengürtel und dicken schwarzen Schnurrbärte, der blitzenden Augen und breiträndrigen Sombreros, der Rufe »Viva Mexico, Söhne von...!« ist es der Tequila, der von den Furchtlosen verehrt und von den Feiglingen gemieden wird.

Welch ein seltsames Schicksal für ein Getränk: Die Qualitäten des Tequilas haben ihn nun zum Charakteristikum einer Nation erhoben. Und das trotz der Vielzahl realer und legendärer Konsequenzen, die man diesem Getränk zuschreibt: den Erregungszustand, der die Welt herausfordert, die Begeisterung und Irrationalität, die Hand in Hand gehen, und die wabernden Nebel des Nichtverstehens. Die Gründe hierfür sind so einfach wie komplex. Tequila eignet sich hervorragend zum Feiern, kann aber auch Stürme hervorrufen. Er wirkt regulierend für all die Köstlichkeiten, die zum mexikanischen Festmahl – sei es episch ausschweifend oder von prosaischer Alltäglichkeit – aufgefahren werden. Und Tequila ist eng mit dem Gipfel des Exzesses des Mexikaners verbunden – dem Moment, wenn er, gestärkt von körperlicher Tapferkeit, bereit zur Selbstzerstörung und zum

Verstoß gegen die Regeln, zum Schöpfer großer Institutionen und zum Erfinder von Volkskulturen wird und dabei einzigartige Charaktere, Lüste und Übersteigerungen hervorbringt. Der Revolutionär wischt sich den Mund am Hemd ab, der Soldat hebt das Glas auf seine Ideale. Der Fremdling, der zum ersten Mal die Bar in der Großstadt betritt, fühlt sich ermutigt, seine Geschichten aus der Dorfkneipe zu erzählen, der Campesino erhebt in seiner Scheune das Glas, um Trockenheit oder Hurrikane abzuwenden. Das ist der Stoff der Legenden und des wirklichen Lebens, und immer spielt der Tequila eine Rolle.

»Wer kennt in seinem Leben nicht / das Gefühl des Verrats / das auf eine traurige Liebesgeschichte folgt; / wer geht dann nicht in eine Bar / und verlangt einen Tequila und ein Lied?«

Die außergewöhnlich populäre Stadtkultur, die in Mexiko zwischen den 1930er und 1950er Jahren entstand, nutzte einige Erkenntnisse aus der Zeit der Revolution, darunter die etwas zweifelhafte, doch verführerische Idee, die der Dichter William Blake so zusammenfasst: »Der Pfad des Exzesses führt zum Palast der Weisheit.« Die Unterhaltungsindustrie, Kino, Schallplatten, Radio, Revuetheater und Kabarett, widmete dem Tequila viel Zeit und Raum. Das war der große Moment des mexikanischen Nationalismus, und man versuchte, auf natürliche und auch forcierte Art, so viele Embleme und Symbole nationaler Identität zu schaffen wie möglich.

Nach den 1930er Jahren sahen die Ranchero-Komödie und das Melodrama im Tequila ein bedeutungsvolles Bild: Fiesta, Schmerz, Lachen, das Lächeln als ewiger Begleiter der Tränen, Kummer, Kameradschaft, überschäumendes Glück, Gaumenfreuden. Es genügte, eine Flasche neben einem kleinen, gefüllten Glas auf dem Tisch zu zeigen, und sofort erhellten sich die Gesichter.

Das Kino benötigte dringend neue institutionalisierte Symbole, um Komödie und Drama zu inspirieren. Regisseure und Drehbuchautoren wählten die Bilder vom *Mariachi*, dem verratenen Mann, von der Gesellschaft auf der Suche nach Amüsement, vom Geheimnis, das im Todeskampf ausgesprochen wird, von der Verwandlung des friedlichen Mannes in einen Hurrikan der Raserei, vom stolzen Macho, der in Tränen ausbricht. Um die Fantasie auf solche steinigen, aber genussvollen Wege zu bringen, brauchte man einen starken Drink. Der Film gehörte den Massen; nur selten wurden Attribute der Mittelklasse übernommen oder toleriert, und dann auch nur, um sich darüber lustig zu machen. Das war die Domäne des Tequila.

Erinnern Sie sich an den großen Komponisten José Alfredo Jiménez, der den Tequila in der ewigen Nacht der existenziellen Offenbarungen inthronisierte? »Greif zu, mein Freund, und halte dich nicht zurück.« Es gibt keinen Zweifel, dass er dafür verantwortlich war, dass die feierlichen Besäufnisse zunächst zu ihrem Höhepunkt aufliefen und schließlich aus der Mode kamen. Die Zeit und der Komponist haben die Ideologie überdauert. Mit einigem Abstand schätzen wir heute den Inhalt der Lieder dieses antiepischen Partylöwen: Sie zwingen den Hörer, eine unmittelbare, intensive Emotion zu

erleben. José Alfredo, der Zeremonienmeister all dieser tiefen Gefühle, ausgelöst von Sentimentalität, stellte den Tequila an die Vorderfront der spirituellen Erlebnisse. Welches andere Getränk macht weitere Erklärungen unnötig und drückt jeder Szenerie den Stempel »mexikanisch« auf?

>>Ich wollte vergessen,
wie alle in Jalisco es machen,
aber diese Mariachis und der Tequila
brachten mich nur zum Weinen.<<

Nachdem wir gezeigt haben, welche zentrale Rolle der Tequila (der »Geist von Mexiko«) spielt, ist es nun Zeit, die Domäne seiner Industrie und der berühmtesten Bände zu betrachten: *Sauza*, *Cuervo*, *Herradura*, *Orendain*, *7 Leguas* und Hunderte andere. Ihr Erfolg war phänomenal, und auf der ganzen Welt trinken Menschen Tequila als Aperitif, ohne dabei an die Heilung ihrer spirituellen Wunden zu denken. Spezialisten oder Kenner – die man auch Agavologen nennen könnte – tauchen auf. Der Tequila ist immer der gleiche, befriedigt aber jeweils andere verschiedene Bedürfnisse. Der eine trinkt »auf ex« mit seinem Kumpel, der andere genießt sinnenfroh sein Geschmackserlebnis. Heute gibt es Verfeinerungen der Limette-und-Salz-Zeremonie, die wissenschaftliche oder quasiwissenschaftliche Einordnung des Getränks und seiner Qualitäten, Techniken der Experten, Beschreibungen, die einen »jungen« Tequila von einem gelagerten »alten« oder weißen (»Silber«) Tequila unterscheiden, kritische Würdigungen verschiedener Gaumen, technische Vorsichtsmaßnahmen gegen Kater und ein Universum an professionellen Tequilakennern – all dies sind Anzeichen, dass eine tief greifende Veränderung im Gange ist.

Ohne Zweifel ist Tequila das Volksgetränk Mexikos, doch er ist inzwischen auch beim Rest der Welt beliebt. Man findet ihn auf den Tischen aller sozialen Schichten. Die heutige Tequila-Mythologie gründet in seinem Geschmack und Aroma und den Aussagen von Kennern, im unmittelbaren Geschmackserlebnis, nicht in den Situationen, die er möglicherweise hervorrufen könnte. Die Tequilaindustrie ist eine stolze Industrie: Tequila ist erklärtermaßen ein mexikanisches Produkt (wie der Zertifizierungsprozess heute vorschreibt). Frei von den Fesseln der Vergangenheit versorgt sie die ganze Welt mit der Gelegenheit für ein »Salud!«. Die lange Reise des Tequila geht weiter, mit allen Freuden und Risiken. Die Zukunft gehört nun allerdings eher dem *Aficionado* als der nationalen Befindlichkeit.

Einleitung

Tequila? Lieber nicht! Seit wann ist Tequila ein Getränk für Leute wie mich? Jeder weiß, dass Tequila ein armseliges Gesöff für Habenichtse, Hafenarbeiter und Ringer ist, für Möchtegern-Schriftsteller, für Maler, die ihre Bilder nach Quadratmeterpreisen verkaufen und für Verlierer-Anwälte. Jeder weiß, dass Tequila zu stark ist, sogar gefährlich, und dass er einen betrunken zu Boden gehen lässt. Sie sagen, er ist für Diebe und Mörder gemacht, weil er Männer in den Wahnsinn treibt. Tequila ist ungehörig. Punkt. Wie könnte ich meinen Gästen Tequila anbieten? Ich werde ihnen Whiskey, Brandy, Wodka, Cognac servieren – alles, was für gebildete Menschen mit gutem Geschmack gemacht ist – aber Tequila? Nein danke!

So schockierend es scheinen mag, gebildete Menschen mit gutem Geschmack trinken überall Tequila – in Mexiko und in mindestens fünfzig anderen Ländern der Welt. In den USA wird er heiß geliebt und verehrt. In Europa gibt er sich die Hand mit dem Adel, ziert die Tische uralter Königshäuser und hat die Herzen von Musikern, Filmemachern und Poeten erobert.

Von Feuerland bis zum Land der Eskimos hat der amerikanische Kontinent den Tequila mit offenen Armen empfangen. Und selbst wenn die gebildete Jugend von Hongkong nicht weiß, ob Mexiko eine Meile oder mehr von Toronto entfernt ist, wissen sie, dass der Tequila, den sie mit Genuss trinken, aus diesem fernen, mythischen Land namens Mexiko stammt.

Auf einmal hören wir vom Tequila-Boom. Boom heißt auf Englisch »wiederhallen«, »donnern« oder »brüllen«. Es bedeutet auch »Spitze«, »Wohlstand« und »schnelle Entwicklung«. In Mexiko wird seit 400 Jahren Tequila hergestellt, doch erst jetzt, am Ende des 20. Jahrhunderts, hat er die Aufmerksamkeit der Welt erregt. Tausende von Menschen, vom Kleinbauern bis zum mächtigen Wirtschaftsboss, konnten die Welt überzeugen, dass der Tequila keinen Pakt mit dem Teufel geschlossen hat, dass er im Gegenteil ein Geschenk der Götter ist. Manche sagen sogar, er verspricht einen intimen Moment in einer dunklen Kneipenecke.

Dem Tequila kann man viele Namen geben – Agaven-Feuerwasser, Kaktussaft, Mezcal, flüssige Raserei, göttliches Vergnügen.

Halten wir uns nicht zurück, reden wir über Tequila. Lassen wir den Gott Ome Tochtli, seine Mutter Mayahuel und die 400 Agavenhasen[2] unserem Volk und der Welt erzählen.

Tequila, der Geist von Mexiko, ist gekommen.

Oben: *Die Agavenfelder von Tequila sind nur über Feldwege zu erreichen. Manche davon wurden vor Jahrhunderten angelegt, um die Dörfer der Gegend zu verbinden.*

Seite 18: Casasola Archive (INAH Photographic Collection)

De Cocula es el mariachi,
de Tecalitlán, los sones,
de San Pedro, su cantar,
de Tequila, su mezcal...[1]

Tequila-Land:
Wo und wie er wächst

Magueys • In der Sprache der Antillen war *maguey* das Wort der Eingeborenen für die Pflanze, die wir heute Aloe nennen. Als die Spanier kamen und begannen, die vorgefundene Vegetation zu katalogisieren, von Kalifornien bis nach Venezuela, verwendeten sie diesen Namen für die 400 Varietäten dieser stacheligen Pflanze. Am häufigsten war eine Art Ananas mit fleischigen Ästen, die wie Katzenschwänze manchmal gerade in den Himmel wachsen, manchmal seltsam gefaltet und verdreht sind. Einige dieser Pflanzen werden dreimal so groß wie ein Mann, andere blicken aus der Höhe eines Kindes oder Jugendlichen auf die Welt. Die blühenden Stämme können bis zu zwölf Meter lang werden. Die Farbe der Blätter variiert von Hellgrün über verschiedene Blautöne nach Purpurrot, manchmal mit gelben Streifen verschiedener Breite.

Seit Urzeiten kultivierten die Ureinwohner Amerikas die Magueys wegen ihrer Fasern und anderer

Pflanzenteile. Der Pflanzensaft diente als Getränk, denn die Sukkulentengewächse besitzen gewöhnlich einen süßen, nahrhaften Saft. Nahezu 70 Prozent des Landes Mexiko besitzt ein arides oder trockenheißes Klima, in dem 136 Arten, 26 Unterarten und 29 Varietäten von Magueys gedeihen, darunter auch die kleinen *henequens*, aus deren Fasern die Ureinwohner Mittelamerikas traditionell ihre Kleider und Haushaltsutensilien machten, und die riesigen Magueys, die in der zentralen Hochebene wachsen und eine Höhe von über drei Metern und eine Breite von zehn Metern erreichen können. In der Mitte des 18. Jahrhundert hat der große schwedische Botaniker und Naturhistoriker Carolus Linnaeus die Magueys als »Agaven« oder »Agavaceas« bezeichnet, wahrscheinlich weil er ihre ästhetische Form »illuster« fand – *agavus* auf Lateinisch.[3]

Viele halten Agaven für Wüstenpflanzen und glauben daher, sie gehörten zu den Kakteen.

Agaven haben gewiss einiges mit Kakteen gemeinsam: eine fleischige Masse, ähnliche Gefäßsysteme und die gleiche Oberflächenstruktur. Beide haben Stacheln und können unter extremen klimatischen Bedingungen und auf dürrem Boden wachsen. Jedoch sind die Unterscheidungsmerkmale für Botaniker bedeutend. Agaven haben unteilbare Samen wie der Mais, während bei den Kakteen die Samen leicht in zwei Hälften geteilt werden können, wie bei den Hülsenfrüchten. Die Agave ist kein Kaktus.

Wenn man irgendwo liest, Tequila sei ein »Kaktussaft«, dann hat der Autor seine Hausaufgaben nicht gemacht.

Pulque • Die Ureinwohner Mexikos hatten verschiedene Techniken, um den Saft aus der Maguey-Pflanze zu gewinnen. Sie schnitten zum Beispiel in ihr Herz und schabten ihn heraus, während die Pflanze noch lebte. Der Saft war kristallin und dickflüssig, süß und leicht adstringierend. Die Spanier nannten diese Flüssigkeit *aguamiel* (Honigwasser). Der frisch gewonnene Saft ist ein nahrhaftes Getränk, doch in ein paar Stunden beginnt er zu gären, nimmt eine milchig weiße Farbe an und wird alkoholisch. In diesem zweiten Stadium wird er Pulque genannt und wirkt als Tonikum. Wie jedes alkoholische Getränk ist er allerdings berauschend. Seit mindestens 300 Jahren war Pulque das traditionelle Getränk Mexikos. Magueys wachsen in vielen Gebieten des Landes, am üppigsten aber auf der zentralen Hochebene und ihrer Umgebung. Im Staat Hidalgo, vor allem in der Region Apan, wird der beste Pulque produziert, doch der aus dem Staat Mexiko ist auch sehr gut.

Oben: *Die Gewinnung von Maguey-Saft, der zu Pulque verarbeitet wird. Gravur von C. Linati aus dem 19. Jahrhundert.*

Seite 22: »Aus Cocula die Mariachis, aus Tecalitlán die Tänze, aus San Pedro die Gesänge, aus Tequila der Mezcal…«[1]

heilige für gute Zeiten und fließenden Pulque.«

Oben: *Vindobonensis Codex,
Akademische Druck- und Verlagsanstalt
Österreich.*

Links: *Foto von Agustín Victor
Casasola, ca. 1913 (INAH Photographic Collection).*

Pulque ist in Mexiko auch heute ein beliebtes Getränk. In Mexico City und in den Staaten, die an der Grenze zu den USA und dem Staat Mexiko liegen, gibt es immer noch viele Tavernen, die *pulquerías* genannt werden. *Pulquerías* sind pittoreske Treffpunkte für Mexikaner, die sich aus Kulturverbundenheit dort treffen, oder aus Nostalgie, die sie noch immer für den Gott Mayahuel empfinden.

Obwohl in vielen Familien hausgemachter Pulque genossen wird, hat die Pulque-Industrie aufgrund der wachsenden Beliebtheit von Bier ziemlich an Boden verloren. Sie hat den Anschluss an die moderne Zeit verpasst, und ohne frisches Kapital konnte sie nicht in die Technologie investieren, die für einen Herstellungsprozess erforderlich wäre, der den hygienischen Anforderungen entspricht.

Mezcal • Um den Saft von bestimmten Maguey-Pflanzen zu gewinnen, muss man etwas mehr tun, als ihr Herz auszuschaben. Die Ureinwohner Mittelamerikas kamen auf die Idee, die Maguey-Herzen in unterirdischen Öfen zu erhitzen. So erhielten sie einen außergewöhnlich süßen Saft, der nach der Gärung berauschende Wirkung zeigte. Eine Legende besagt:

Ein großer Blitz traf eine Agave, riss das Pflanzenherz heraus und ließ es in Flammen aufgehen. Erstaunt sahen die Menschen, wie im Pflanzeninneren ein Nektar entstand. Sie tranken ihn in Furcht und Verehrung und betrachteten ihn als Geschenk der Götter.

Eine bodenständigere Version lautet, dass Bauern der Region die Überreste der Pflanzen in Gruben lagerten, wo sie verrotten und später als Dünger dienen sollten. Irgendwann hat dann eine Grube Feuer gefangen. Die Leute entdeckten darin den Saft, der aus den brennenden Pflanzenherzen ausgetreten war, und damit den Mezcal.

Es gibt keine genauen Hinweise, ob die Ureinwohner Mittelamerikas den chemischen Prozess der Destillation gekannt hatten. Ihre Beschäftigung mit dem Maguey beschränkte sich darauf, das Herz zu kochen. Es wurde als Süßigkeit verzehrt oder zu Brei verarbeitet, um daraus den Saft zu gewinnen. Den vergorenen Saft trank man eher als rituelle Handlung. Das Wissen über den Destillationsprozess kam erst später nach Amerika, als die europäischen Eroberer das Land betraten.

Messung des Alkoholgehalts in der Brennerei La Herradura, Amatitán.

In der Hacienda Corralejo im Staat Guanajuato werden Charentais-Destilliergeräte verwendet, einzigartig in der Tequilaindustrie.

27

Tequila • Die Flüssigkeit, die aus dem vergorenen Saft der Magueys oder Agaven gewonnen wird, nennt man Mezcal. Was ist dann Tequila? Tequila ist der spezielle Mezcal, der aus dem Saft der besonderen blauen Agavenpflanzen aus der Region Tequila im Staat Jalisco hergestellt wird. Aus dieser Gegend hat der Tequila, der inzwischen auf der ganzen Welt verkauft wird, seinen Namen.

Obwohl Agave und Kaktus gleichermaßen in Trockengebieten wachsen, gehören sie zu verschiedenen botanischen Familien. Aus Kaktussaft kann man keinen Mezcal machen.

Das Land des Tequila und der blauen Agave • Das Wort *tequio* ist ungewissen Ursprungs und bedeutet »Arbeit, Mühe, Aufgabe«. Vielleicht bezieht sich das Wort *tequila* auf einen Ort, der mit Mühe errichtet wurde, oder an dem Menschen sonstiger Arbeit nachgingen. Andere Versionen lauten, es käme von den Bewohnern der Hügel und Hänge rund um den Vulkan Tequilán, der ethnischen Gruppe der *tequiltecas*, *tecuilos* oder *tequilinos*.

Die Einwohner der Stadt Tequila im Staat Jalisco sind heute anscheinend alle Experten in Geschichte und Tradition ihrer Stadt. Sie erklären, dass deren Name und der des gleich lautenden Getränks von einem flachen Stein, dem Obsidian, stammen, den es in ihrer Gegend gibt. Obsidian ist ein vulkanischer Felsen, der irisierend wirkt, wenn man ihn poliert. Die Einwohner der Gegend sagen, Tequila bedeutet »Stein, der schneidet«, weil die Ränder des Obsidian messerscharf sind und Tequila beim Trinken ebenfalls in die Kehle »schneidet«.

Tequila selbst liegt 1300 Meter über dem Meeresspiegel, und es herrscht ein gemäßigtes, oft heißes Klima. Daher gedeihen dort Agaven im Überfluss. Eine Agavenart dominiert und zieht einen blauen Teppich über die Landschaft. Sie wächst vor einem Hintergrund von immergrünen Bäumen und Wacholderbüschen. Es gibt auch grüne Agaven mit ockerfarbenen Tupfen, die oft eine charakteristische Aschfarbe annehmen. Lange Zeit gewann man aus diesen blauen Agaven *(zapupes)* den Mezcal-Wein aus Tequila. Seltenere Varietäten wurden mit so ausdrucksstarken Namen wie Blauer Streifen, Kreole, Mulihuf, Flachnase, Große Hand und Geier bedacht. Sie stellen heute aber nur ein Prozent aller Agaven dar.

Um 1896 reiste der deutsche Naturforscher Franz Weber nach Mexiko, um die Flora im östlichen Landesteil zu studieren. Er schloss Bekanntschaft mit einer Familie aus Tequila, der die größte Brennerei der Region gehörte. Ihre Agavenpflanzen erweckten sein Interesse, und dank seiner Forschung wurde eine Form der häufigsten Varietät, die *Agave tequilana azul*, zur Pflanze der Wahl. 1902 oder 1903 wurde sie ihm zu Ehren in

Oben: *Einige der zahlreichen Agavenarten (El Moraleño, Espadín de Oaxaca, Siggüin, Bermejo, Zopilote und Bacanora), die für die Herstellung von Mezcal verwendet werden.*

Gegenüber: *Tequila wird nur aus der Agave tequilana Weber azul gewonnen.*

Agave tequilana Weber azul umbenannt. In Jalisco wird auf über 50 000 Hektar die Agave *tequilana Weber azul* angebaut, aber sie kommt in geringerem Umfang auch in Michoacan, Nayarit, Guanajuato und Tamaulipas vor. In den beiden erstgenannten Regionen gibt es keine Tequila-Brennereien. Guanajuato hingegen besitzt eine Brennerei in Corralejo (dem Geburtsort von Pater Hidalgo, dem Vater der Mexikanischen Unabhängigkeit) und in Tamaulipas gibt es ebenfalls eine. Heute findet die Tequilaproduktion zu 89 Prozent im Staat Jalisco statt. 90 Prozent davon stammen aus den Regionen Amatitán, Arandas, Atotonilco, El Arenal, Tepatitlán und Tequila. Acht Prozent kommen aus den Städten im Süden von Jalisco (vor allem Ixtlahuacán del Río, Jocotepec, Tlajomulco, Tonaya und Venustiano Carranza). Die restlichen zwei Prozent kommen aus den oben genannten Staaten Tamaulipas und Guanajuato.

Nächste Seite: *Morgendämmerung in der Kolonialstadt Tequila: ländlich, traditionell und zumeist friedlich.*

31

>>Mit Liebe und Feuerwasser

Die Sache mit dem Wurm • Es gibt einen Schmetterling, der in seinem Larven- oder Puppenstadium in der *Espadin*, einer Oaxacan-Agave lebt. Vor langer Zeit hat jemand entdeckt, dass diese Agavenwürmer wohlschmeckend und nahrhaft sind. Noch heute werden sie geröstet oder gebraten verzehrt. Manchmal werden sie auch getrocknet, pulverisiert und mit Salz und Gewürzen vermischt: das so genannte »Wurmsalz«. Mezcaltrinker lieben es, ihr Getränk damit zu würzen. Eines Tages beschloss ein Hersteller, solch einen Wurm in die Flasche zu geben. Der Wurm sollte als lebendes Wesen alle bösen Geister vertreiben, die sich möglicherweise im Mezcal versteckten. Es war auch eine gute Möglichkeit, dem Getränk einen Herkunftsstempel aufzudrücken. Besucher von außerhalb sind fasziniert von dem Wurm, vor allem weil man ihm heute die Wirkung eines Aphrodisiakums nachsagt. Mezcaltrinker – vor allem die außerhalb Mexikos – haben ein Ritual erfunden: Sie essen den Wurm, nachdem sie die Flasche geleert haben.

Da Tequila selbst ein Mezcal ist, gibt es verständlicherweise oft Verwechslungen zwischen Mezcals mit Wurm und solchen ohne Wurm wie dem Tequila.

Ohne Zweifel ist Tequila ein Mezcal. Doch nicht alle Mezcals stammen aus Tequila. Einige Mezcals aus Oaxaca haben ein besonderes Markenzeichen: den Maguey-Wurm.

kann dir nichts passieren.«

Die Cousins des Tequila • Bacanora • Im Nordosten Mexikos wächst eine Pflanze mit dem Namen *Agave potatorum* oder *Agave yaquilana*. Daraus macht man einen Mezcal, der *Bacanora* genannt wird. Er wird in Sonora nach der traditionellen Methode hergestellt, bei der die Agave in unterirdischen Öfen gekocht wird. Der Herstellungsprozess des Bacanora ist einzigartig und unterscheidet sich grundlegend von der des Tequila. Während der Tequila seinen düsteren Ruf als aggressives Getränk überwinden konnte, löst der Bacanora selbst in der Bevölkerung von Sonora immer noch Angst aus. Obwohl dieses Getränk eine lange Geschichte hat, wurde es erst 1992 zur legalen Substanz erklärt. Nachdem die Kenntnis dieses Getränks sich inzwischen verbreitet hat, haben die Hersteller ihr Produkt verbessert.

Heute wird Bacanora in großen Mengen in die USA exportiert, und das meiste stammt immer noch aus Schwarzbrennereien, die von den örtlichen Behörden geduldet werden.

Charanda, ein Zuckerrohrschnaps aus dem Staat Michoacán, hat als Erkennungszeichen ein Stück Zuckerrohr am Flaschenboden.

Die Einwohner von Sayula im Staat Jalisco sagen, es gäbe im Fegefeuer einen Geist, der im Volksmund den Namen

»Anima (Gespenst) de Sayula« trägt. Ein sicherer Weg, den Geist zu erblicken, ist, die Vorschriften beim Trinken

des Sayula-Mezcal zu missachten. Man muss nämlich den Mezcal mit einem Stück Schnur umrühren, die aus einer

bestimmten Agavensorte, der Lechugilla, gemacht ist, und damit Kreise ziehen. Wenn die Schnur zweimal herum-

gedreht wird, darf man zwei Drinks nehmen; wenn man drei Kreise zieht, drei Drinks und so fort. Wenn einer

jedoch mehr trinkt, als er Kreise gezogen hat, erscheint das Gespenst sofort.   Aus der Volkssage vom »Gespenst von Sayula«.

Blaue Brust und Engelsbrust • Unter den Cousins des Tequila ist der Mezcal aus Oaxaca zweifellos der berühmteste. Er wird aus einer blauen Agave mit schwertförmigen Blättern gewonnen. Dieser Mezcal heißt *Pechuga azul* (blaue Brust) und in seiner feinsten Form *Pechuga del angel* (Engelsbrust). Er wird traditionell in schwarzen irdenen Flaschen verkauft, die von Hand lackiert und hübsch verziert sind. Nachdem der Export heute aber rasant angestiegen ist, findet man diese Flaschen nicht mehr so oft. Der beste Mezcal aus Oaxaca hat einen weichen, angenehmen Geschmack. Es ist Sache des Trinkers, ob er ihn mit oder ohne »Wurm-salz« trinkt. Einige der Flaschen werden gleich zusammen mit einem klei-nen Säckchen dieses Gewürzes verkauft.

Agavenreihen dienen oft als Abgrenzungen zwischen den Maisfeldern im Tal von Oaxaca.

Agaven sind hermaphroditische Gewächse, die sich durch Wurzelfortsätze vermehren. Die Agavenstämme werden »quiotes« genannt. Wenn sie blühen, kündigen sie den Tod der Pflanze an.

Der Mezcal namens *raicilla* • Entlang der Küste und in den Hügeln von Jalisco sowie im östlichen Michoacan stellen Farmer den *raicilla* her. Dieser Mezcal wird in einem Tontopf gewonnen und ist dafür berühmt, dass er der stärkste von allen ist. Die Einwohner Jaliscos sagen, man kann nur ein bis zwei Gläser davon trinken und nicht mehr, weil er so betrunken macht. Er ist schwer zu bekommen und taucht in den Statistiken der Regierung nicht auf, weil er hauptsächlich schwarz gebrannt wird. Er gelangte dennoch zu einigem Ruhm, als ein mexikanischer Comiczeichner, Ríus, den Charakter eines zerstreuten Philosophen schuf, der nur unter dem Einfluss seines Raicilla Inspirationen bekam.

Leben und Tod der blauen Agave • Tequilahersteller wissen, dass die blaue Agave am meisten Tequila ergibt, wenn das Herz breit ist. Dafür muss der Farmer die Pflanze so beschneiden, dass das Herz so viel Nährstoffe wie möglich bekommt. In der Regel geschieht das Ende März oder vor den ersten Regenfällen. Sobald der Stamm (oder *quiote*) erscheint, muss er abgeschnitten werden. Geschieht dies nicht, kann man die Pflanze nur noch für die industrielle Verarbeitung gebrauchen. Erst wenn der Stamm entfernt ist, wächst das Herz weiter, und die Pflanze lebt ein weiteres Jahr.

Die Felder werden im Monat Juli gedüngt, um von den Regenfällen zu profitieren. Wenn fester chemischer Dünger verwendet wird, bekommt jede Pflanze von Hand 70 bis 100 Gramm Harnstoff oder 800 Gramm Ammoniaksulfat. Man kann auch natürliche Düngemittel verwenden, die den Boden anreichern und nur einmal im Jahr gestreut werden müssen. Am Ende der Regenzeit wird die Pflanze geerntet. Das bringt den Vorteil, dass nicht wie in der Trockenzeit Feuer ausbrechen, die die Ernte zerstören würden.

Weiter denken • Don Julio González ist einer der Großen in der Tequilaindustrie und ein bekannter Geschäftsmann in Jalisco. Er zeigte uns die riesigen Ländereien, wo seine Firma die *Agave tequilana Weber azul* anbaut, und erzählte, dass der Großteil seiner Arbeit darin besteht, weiter zu denken.

Natürlich bezog er sich auf das Pflanzen, Kultivieren und Wiederanpflanzen von Mezcals (wie die Leute im Tequila-Land irrtümlicherweise die Agavenpflanzen nennen). Junge Triebe müssen von den alten Pflanzen abgetrennt werden, damit sie ihnen keine Nährstoffe wegnehmen. Das Wichtigste ist, betonte er, die Felder ständig mit diesen jüngeren Pflanzen zu besiedeln, damit die Produktion auch für die Zukunft gesichert ist.

Unter dem Expertenblick von Don Julio wählen seine Arbeiter die Triebe aus, deren Herz mindestens so groß ist wie eine reife Orange oder Grapefruit. Nachdem die Wahl getroffen ist, lässt man die Triebe erst einmal wachsen, um zu sehen, ob sie gedeihen. Wenn alles gut läuft, werden sie von den Mutterpflanzen getrennt. Unterdessen wurden die Felder vorbereitet, und die neuen Mezcals kommen nun kurz unter der Oberfläche in breiten, säuberlich getrennten Reihen in die Erde, mit einem Abstand von jeweils einem Meter zwischen den Pflanzen. Die exakte Platzierung spielt eine wichtige Rolle für das Ernteergebnis.

Bei der blauen Agave und ihren Cousinen tritt ihr Ende zwölf bis 36 Monate nach der Fortpflanzung ein, das heißt, nachdem der blühende Stamm der Pflanze sich entwickelt hat und sprießt: Die Pflanze trocknet aus, verrottet und geht zurück in die Erde, um die Jungen zu ernähren.

»Sie sagte zu mir: ›Bieg um
die Ecke, wir gehen zu mir;
nach ein paar Tequilas werden
wir sehen, was passiert.‹«

Aus dem Lied »Historia del Taxi« von Ricardo Arjona

»Vor vielen Jahren brach ich mit der Tradition, die Mezcals übereinander zu pflanzen«, erzählt Don

Julio. »Man dachte immer, dass mehr Mezcals größeren Ertrag bedeuteten. Sie sagten, ich sei

verrückt, als sie sahen, dass ich drei Meter Abstand zwischen den Reihen ließ und die Mezcals im

Abstand von einem Meter pflanzte. Wenn einer dem anderen die Sonne wegnimmt, können sie sich

nicht gleich gut entwickeln. Wenn sie zu eng gepflanzt sind, kämpfen sie gegeneinander um den Boden.

Ich finde, es war wohl doch nicht so verrückt – inzwischen macht es jeder genauso!«

Vorhergehende Seite: Das Herz des Mezcals wird »Ananas« genannt und wiegt bis zu 100 Kilo.

Rechts: Das wichtigste Werkzeug für die Ernte ist eine coa oder Hacke. Ein guter Jimador braucht 75 Sekunden, um die Blätter vom Mezcal abzutrennen.

Die Ernte • Wenngleich die Tradition diktiert, dass die Mezcalernte im achten oder neunten Lebensjahr der Pflanze zu erfolgen hat, ist das nicht immer der Fall. Manche Experten betrachten lieber den Zustand der Pflanze als das Alter. Fabriken beginnen bereits mit der Verarbeitung, wenn sie erst fünf Jahre alt ist, obwohl die Herzen klein sind und wenig Saft hergeben, was den Ertrag geringer macht.

Die Mezcalernte heißt *jima* oder *jimado*. Wenn der Mezcal für die Verarbeitung bereit ist, ziehen die *jimadores* mit ihren verschiedenen Werkzeugen auf die Felder. Dazu gehört die *coa*, eine Hacke mit extrem scharfer Stahlspitze. Die Erntearbeit wird in der Regel in den frühen Morgenstunden oder in der Abenddämmerung verrichtet. Auch wenn sie einfach scheint, ist dafür viel Kraft erforderlich. Die Ernte kann in jeder Jahreszeit vorgenommen werden, je nach Klima, Feuchtigkeit und Reife der Mezcalpflanze. Die Schulung der *jimadores* erfolgt durch die jeweils ältere Generation, ebenso wie die Schulung aller anderen, die in der Produktionskette der Tequilaherstellung arbeiten. Die Tequilaindustrie, wie wir sie heute kennen, ist bereits 230 Jahre alt, und die Geschichte der Mezcalproduktion ist noch älter.

Manchmal passieren Unfälle bei der Ernte. Einer der *jimadores* zum Beispiel, der uns bei seiner Arbeit auf einem Feld bei Tequila zusehen ließ, rutschte aus und bekam einen Agavenstachel in die Hand. Sofort nahm er seine Hacke und schnitt einen anderen ab, den er ausdrückte, damit der Saft in die Wunde lief. Er erklärte später: »*Es tut höllisch weh, weil der Stachel so spitz ist, dass er bis zum Knochen eindringt, und das Schlimmste ist, dass er die Hand lähmt. Das Heilmittel ist der Saft eines anderen Stachels derselben Agave. Das lindert den Schmerz und belebt die Hand schnell wieder. Nach ein paar Minuten kann man sie wieder bewegen, als wäre nichts geschehen. Dieser Saft hilft bei allen Schnittwunden, und sie sagen, er reinigt die Wunde und verkleinert die Narben.*«

Das klingt vielleicht wie ein exotisches Volksmärchen, aber die Wahrheit ist, der *jimador* war zehn Minuten später wieder an der Arbeit!

Tequila-Herstellung:
Eine Reise durch die Brennereien

Kochen • Früher wurden bei der Produktion von Mezcal die Agavenherzen in unterirdischen Öfen ausgekocht. Man grub ein Loch in die Erde und füllte es mit Holz. Darüber wurde eine Schicht Steine gelegt. Das Holz brannte so lange, bis Steine und Erde wie Kohlen glühten. Dann packte man die Agavenherzen in eine Schicht von feuchtem Viehfutter und legte sie in den Ofen. Danach wurde der Ofen versiegelt und mit Erde bedeckt. Es blieb nur eine kleine Öffnung, damit das Feuer atmen konnte. Die Dämpfe, die aus diesem Loch aufstiegen, sagten dem Koch, was im Inneren passierte. Dieser Prozess wird der *tatemado* des Mezcals genannt. Das Kochen dauerte mindestens ein bis zwei Tage. Danach folgten ein oder zwei Tage, in denen sich der Ofen abkühlte und die Pflanzensäfte hydrolysieren konnten. Beim *tatemado* nahm der Agavensaft ein leichtes Holzaroma an. Seit 1850 verzichten die Hersteller auf das *tatemado*, wobei ein paar isolierte Brennereien in Jalisco es in den frühen 1920er Jahren noch anwandten. Heute findet diese Prozedur in veränderter Form statt, nämlich mit Hilfe von Wasserdampf.

Traditionell dauert das Kochen 24 bis 36 Stunden, je nach Größe des Ofens. Die Temperatur wird zwischen 80 und 95 °C gehalten, bis der Moment kommt, wo der Dampf sich den Weg durch die Löcher bahnt. Dann wird die Temperatur heruntergedreht. Eine genaue Planung dieses Vorgangs ist notwendig, denn man muss berücksichtigen, wie viel Kapazität die Brennerei besitzt, um den Most zu mahlen und zu lagern und den gekochten Mezcal zu destillieren. Kleine Brennereien haben vielleicht nur einen Ofen, während größere bis zu zwanzig Öfen besitzen, die ohne Unterbrechung laufen.

Einige Brennereien verwenden Hochdruckkocher (»Autoclave«), um die Effizienz zu erhöhen. Nachdem der Prozess des Kochens und Abkühlens be-

endet ist, sehen die Mezcalstücke völlig verändert aus. Das ehemals weiße Fruchtfleisch ist zwar noch faserig, hat nun aber eine orangebraune Farbe. Man braucht keine Axt mehr, um es zu zerteilen – es zerfällt einem in der Hand. Im Rohzustand ist es bitter und hat fast keinen Geschmack. Nach dem Kochen duftet es angenehm süß und hat sich in eine exquisite Süßigkeit verwandelt.

Seite 48: *In diesen weißen Eichenfässern lässt man den Tequila in den Kellern von La Herradura altern. Die Siegel auf dem Korken garantieren eine Reifungszeit von mindestens zwölf Monaten.*

Der Grundvorgang bei der Produktion eines jeden Mezcal, auch des Tequila, ist eine Kombination aus folgenden Schritten: Kochen, Mahlen oder Stampfen, Gärung, Filterung und Destillation.

Gegenüberliegende Seite, links: *Ein mit ungebrannten Lehmziegeln versiegelter Ofen für den Kochvorgang, Hacienda Corralejo, Guanajuato.*
Rechts oben: *Frisch geerntete Blaue-Agaven-»Ananas«.*
Mitte: *Die geschnittene »Ananas« vor dem Kochen.*
Unten: *Die gekochte Ananas vor dem Zermahlen.*

Links: *Öfen und gekochte Agave in der Produktionskette von La Herradura.*

Mahlen und Zerstampfen

Mahlen und Zerstampfen • Vor vielen Jahren wurde der Mezcal mit Stöcken oder mit der stumpfen Seite einer Axt zerstoßen. Später verwendete man eine Art Getreidemühle in Form einer runden Grube, über der ein großer, kreisförmiger Stein gedreht wurde, gezogen von Mulis oder anderen Lasttieren. Die gekochten Agavenstücke rührte man auf dem Platz vor diesem Mühlstein mit einer zwei- oder dreizinkigen Hacke oder Schaufel von Hand durch. Mit dieser Methode wurde der Saft ausgepresst und die Fasern gelockert oder zerkleinert, die den Saft sofort wieder aufsaugten. Um die Flüssigkeit zu erhalten, füllten die Arbeiter die Mixtur sodann in große Holzfässer und trugen sie auf ihren Köpfen zu den Gärungsbottichen. In diesen Bottichen stand ein fast nackter Arbeiter, der »Rührbesen«, inmitten von Saft und Mezcalfasern. Er »wusch« die Fasern, indem er sie mit Händen und Füßen zerteilte und ausdrückte. So wurde die Mixtur immer flüs-

Die gekochten Agaven werden in einer Mühle gemahlen.
In El Centenario, wo der Tequila 7 Leguas hergestellt wird (links),
ziehen Pferde den drei Tonnen schweren Mühlstein. In der neuen
Seagram's-Fabrik (oben) bevorzugt man andere Pferdestärken.

siger. Unter der Flüssigkeit setzte sich eine braune Fasermasse ab, die den Bottich zu einem Viertel ausfüllte. Der Rest, der wertvolle Mezcalsaft, wurde zum Gären in große Bottiche gefüllt.

Dampf und später Elektrizität haben die Tequilaproduktion effizienter gemacht. In den letzten Jahren wurde durch die Zuckerrohrindustrie auch das Mahlsystem verbessert. Die Tequilafabriken verwenden heute Mühlen, die den Zuckerrohrmühlen recht ähnlich sind.

Gärung • Heute geschieht das »Waschen« der Fasern mechanisch. Die Rückstände werden aus dem Gärungsbottich entfernt, sodass dort nur noch Flüssigkeit zurückbleibt, entweder Agavensaft oder das Waschwasser (man findet auch keine Männer mehr in der Mischung). Manche Brennereien verfahren bei diesen beiden Schritten andersherum: Zuerst wird die Flüssigkeit separiert und in den Gärungsbottich gefüllt, und dann wird nachträglich etwas von den Faserrückständen zugefügt, um einen Hauch von Tradition zu wahren.

Was passiert in dem Tank? • Wenn der Mezcalsaft zusammen mit den Rückständen der Agavenhaut im Gärungsbottich bleibt, wird der Zucker mit Hilfe von Bakterien und Hefe in eine Vielfalt von Nebenprodukten wie Ethylalkohol und Methanol umgewandelt. Wenn die Außentemperatur hoch genug ist – sagen wir zwischen 20 und 30 °C –, dauert der natürliche Gärungsvorgang zwischen zwei und fünf Tage. Bei kühlerem oder gar kaltem Klima kann der Prozess bis zu zwölf Tage dauern. Eine Möglichkeit, den Gärungsvorgang zu beschleunigen, ist die Zugabe natürlicher Hefe, vor allem Bierhefe. Chemische Katalysatoren wie Harnstoff und manche Sulfate werden ebenfalls verwendet; sie wirken als Nitrogenquellen (Nitrite oder Nitrate). Manche Tequilahersteller der alten Schule betrachten das Beimengen von Hefe als Sünde und sind der Meinung, die Zugabe von Harnstoff oder Sulfaten zerstöre den Charakter des Tequila.

Die Rohstoffe, die in diesem Produktionsstadium verwendet werden, machen die Unterschiede in Reinheit und Qualität der Tequilas aus. Wenn-

Traditionsgemäß taucht ein Arbeiter in den Tank und rührt den Most mit seinem Körper, um den Gärungsprozess zu beschleunigen. Man sagt, dass dadurch seine Haut »so weich wie ein Babypopo« werde.

gleich offizielle Auflagen von den Tequilaherstellern verlangen, dass mindestens 51 Prozent *Agave tequilana Weber azul* verwendet wird, dürfen die Produzenten für die restlichen 49 Prozent verarbeiten, was sie wollen. Sie müssen zuckerhaltige Stoffe finden, die für sie in Bezug auf Kosten, Lieferung und Qualität am günstigsten sind. Es gibt natürlich viele Fabriken, die Tequila aus 100 Prozent Agave herstellen. Wenn das nicht der Fall ist, wird die Flüssigkeit normalerweise mit Zuckerrohrgeist aufgefüllt, der in Jalisco und anderen Gegenden des Landes in großen Mengen produziert wird.

Destillationsraum mit kupfernen Destillierapparaten in La Rojeña, Hersteller des Tequila José Cuervo.

Der Most wird in den Destillierapparat gefüllt, auf traditionelle Weise in La Alteña (**gegenüberliegende Seite**) und in der industrialisierten Version in der Seagram's Fabrik (**diese Seite**).

Filterung • Wenn der Tequilamost zum Destillieren bereit ist, muss man ihn filtern, um die festen Faserrückstände sowie andere Verunreinigungen zu entfernen. Die Filterung ist ein Vorgang, der seit Jahrhunderten durchgeführt wird. Moderne Fabriken erreichen dabei größte Effizienz.

Der gefilterte Most, der zu den Brennereien oder Destilliertürmen geliefert wird, ist eine schon fast perfekte Mixtur, in der nur noch eine geringe Menge Schwebeteilchen enthalten sind.

Destillation • Der gefilterte Most enthält neben Wasser auch Aldehyde und Ester, die zum Teil für den charakteristischen Geschmack und das Aroma verantwortlich sind. Außerdem enthält er Ethylalkohol und andere höher- oder geringerwertige Alkohole. Die harmloseren wie Methanol sind ein natürliches Nebenprodukt des Gärungsvorgangs. Um unerwünschte Substanzen zu eliminieren, ist ein Destillationsprozess nötig. Das muss mit Sorgfalt und Geduld passieren, denn das Endprodukt soll nicht nur gesundheitlich unbedenklich sein, sondern auch Geschmack, Aroma und Körper des Getränkes sollen intakt bleiben.

Früher wurden in der Regel zwei Retortengefäße verwendet: ein Destilliergerät und ein Gleichrichter. Bei der ersten Destillation entsteht eine Flüssigkeit, die noch kein Tequila ist. Sie wird »gewöhnlich« genannt, und ihr Alkoholgehalt liegt bei 20 bis 30 Volumenprozent. Die erste Destillation erzeugt außerdem den so genannten »Kopf« (der flüchtige Substanzen wie Aldehyde, Ester und mindere Alkohole enthält) und den »Schwanz« (der hauptsächlich aus Wasser, aber auch einigen schwereren Stoffen besteht). Wenn diese Abfallprodukte zusammen mit den Überresten des Mostes in den Bottichen und Gefäßen bleiben, entsteht ein Getränk von schlechter Qualität.

In der zweiten Destillation wird die »gewöhnliche« Flüssigkeit gleichgerichtet. »Kopf« und »Schwanz« werden abgesondert und entfernt. Das Hauptprodukt dieser Destillation ist echter weißer Tequila, eine kristalline Flüssigkeit mit einem Alkoholgehalt zwischen 40 und 57 Grad Gay-Lussac (GL; vgl. Seite 65), bei einer Temperatur von ungefähr 20 °C.

Statt für Retorten haben sich einige moderne Fabriken für Destilliertürme mit teurerem Equipment entschieden. Interessanterweise verwenden viele kleine Fabriken nachgebaute oder selbst gemachte Ausrüstung und sind dennoch den Anforderungen des neuen Tequilabooms gewachsen.

>>Für jedes Missgeschick einen Tequila<<

Tequila *Blanco* • Das Endergebnis des Destillationsvorgangs ist weißer Tequila mit einem Alkoholgehalt von 55 Grad GL, oft auch »Silber« genannt. Mit diesem Basisprodukt beginnt die Vorbereitung für den kommerziellen Verkauf. Allgemein kann man sagen, dass es vier Arten von reinem Tequila gibt: *joven* (jung) – manchmal auch *abocado* (mild) genannt –, *blanco* (weiß), *reposado* (ausgeruht) und *añejo* (gealtert). Wenn wir diese Tequilas »rein« nennen, dann meinen wir, dass sie abgefüllt werden, ohne dass andere Spirituosen oder Aufgüsse, Fruchtstücke oder Kerne beigemengt wurden. Sie sind also keine Liköre oder Creams.

Normalerweise wird der pure weiße Tequila in großen, rostfreien Stahlbottichen gelagert. Manche Fabriken verwenden allerdings immer noch Eichenfässer, die das Getränk nicht beeinträchtigen, weil es vor dem Abfüllen nur kurz darin lagert. Wenn die Abfüllfabrik in die Brennerei integriert ist, kommt der Tequila in Selektionstanks, die die Flaschen füllen. Hier wird er mit Wasser verdünnt (nicht minerales, destilliertes oder einfach hochwertiges Wasser). Dann wird er zum letzten Mal gefiltert und landet mit 38 bis 46 Grad GL in den Flaschen.

In der Brennerei La Mexicana, die zur Orendain-Gesellschaft gehört, gibt es einen 100 Quadratmeter großen Raum mit einer gewölbten, 18 Meter hohen Decke. Hier wird weißer Tequila homogenisiert und in gigantischen Bottichen gelagert. Es fällt schwer zu glauben, dass man von einer halben Million Liter weißem Tequila umgeben ist. Man denkt immer nur: An welchen Schlauch kann ich mich hängen, wenn der Führer einmal nicht schaut?

Tequila *Joven* • Tequila wird *joven* (jung) genannt, wenn er weniger als 60 Tage ruht. Diese Tequilavariante lagert ein paar Tage in Eichenbottichen, wo sich der Geschmack verändert und *abocado* (mild) wird. Manchmal ist er farblos, hat aber meistens eine leichte Gold- oder Bernsteinfärbung und wird daher auch »gold« genannt. Die Farbe entsteht, weil die *Mona* in den Bottich gehängt wird, ein Beutel mit Eichenrinde. Sie färbt den Tequila und verleiht ihm einen leichten Holzgeschmack. Wenn die Farbe bei dieser Prozedur nicht dunkel genug wird, fügt man einen natürlichen Karamellfarbstoff hinzu. Um den Geschmack weicher zu machen, kann auch Glycerin beigemengt werden. Tequila *joven* liegt normalerweise bei 38 bis 40 Grad GL.[4]

100 Prozent pur? •Die Reinheit von Tequila und anderen Mezcals liegt in der Qualität des bei der Destillierung verwendeten Mostes. Der offizielle Standard, NOM-006-1994, schreibt klar vor, welche Substanzen Tequila enthalten darf und welche nicht. Mindestens 51 Prozent der Inhaltsstoffe müssen aus dem Saft der *Agave tequilana Weber azul* stammen, und diese Agaven dürfen nur aus den Staaten Mexikos kommen, die für die Produktion autorisiert sind – Jalisco, Michoacan, Guanajuato, Nayarit und Tamaulipas. Wenn der gesamte Tequilamost von diesen Agaven kommt, müssen die Hersteller das auf dem Etikett ausweisen, meistens in der Form »100 Prozent reine Agave« oder »100 Prozent reine *Agave tequilana Weber azul*«.

Der Standard legt auch strenge Richtlinien hinsichtlich der giftigen Substanzen fest. Der Hersteller testet sein Produkt, aber der Rat verlangt, dass stets ein Muster in ein zugelassenes Labor geht, wo chromatographische Tests vorgenommen werden, muss es entsorgt oder bestenfalls noch einmal destilliert werden.

Seite 60: Rostfreie Stahltanks in der Tequilafabrik Sauza und ihre hölzernen Pendants (Seite 61) bei José Cuervo.

Oben: Der Raum, in dem der Alkoholgehalt nach der Destillation gemessen wird, La Rojeña, Tequila.

Gegenüber: Die von dem französischen Wissenschaftler Gay-Lussac entwickelte Skala misst den Alkoholgehalt einer Flüssigkeit.

Nächste Seite: Auswahl alkoholischer Getränke, die in Europa hergestellt werden und inzwischen das magische Wort Tequila nicht mehr auf ihr Etikett schreiben dürfen.

Es gibt viele verbotene Substanzen, aber auch solche, die in gewissen Mengen toleriert werden. Am riskantesten ist Methanol. In einem Tequilamuster mit 100 Millilitern absolutem Alkoholgehalt liegt der erlaubte Methanolgehalt bei 300 Milligramm. Der Trockenauszug aus Tequila *blanco* darf nicht mehr wiegen als ein Prozent des Musters, und bei einem *Reposado* oder *Añejo* ist das Maximum fünf Prozent. Wenn das Getränk diesen Anforderungen nicht entspricht, darf es nicht als Tequila bezeichnet werden, sonst ist es »abnormaler« Tequila, ein Imitat oder gar ein illegales Produkt. Der Verkauf dieser falschen Tequilas ist nicht verboten, aber ihre Hersteller sind gehalten, das Wort »Tequila« vom Etikett zu streichen und eine Ersatzbezeichnung wie *aguardiente de agave* (Agavenbranntwein) zu verwenden.

Die berauschende Substanz in allen destillierten Getränken, der Weingeist, ist Ethyl- oder Ethanalkohol, eine Flüssigkeit, die zu 96 Prozent mit Wasser mischbar ist. Unter normalen Bedingungen enthält der konzentrierteste Ethylalkohol mindestens vier Prozent Wasser.

Gay-Lussac, der französische Wissenschaftler und Autor verschiedener bedeutender Studien über die Physik der Gase, hat eine Skala auf der Basis des metrischen Systems entwickelt, die oft verwendet wird, um den Alkoholgehalt eines Getränks zu messen. Ein Grad Gay-Lussac (GL) bezieht sich auf eine Mischung, die bei 20 °C ein Volumenprozent Alkohol enthält. In Amerika gibt es die »Proof«-Skala, die man erhält, wenn man den GL-Grad verdoppelt. Wenn das Etikett auf der Tequilaflasche 38 Grad GL angibt, sind es 76 Proof, was für einen Tequila die Regel ist.

In der Praxis hat Mexiko den Tequila mit derselben Hartnäckigkeit verteidigt wie Frankreich den Cognac. In den 1950er Jahren unterzeichnete man den Vertrag von Lissabon. Seitdem gab es einige Initiativen, um Mexiko als ausschließlichen Herkunftsort von Tequila zu bestätigen. 1997 akzeptierte die Europäische Gemeinschaft nach langen Verhandlungen die folgende Prämisse für die Herkunftsbestimmungen des Tequila: »Tequila ist das, was die mexikanische Regierung fordert, das es ist.«

Rechts: Im November 1997 erkannte die Europäische Gemeinschaft Mexiko offiziell als Herkunftsort des Tequila an.

Die Pioniere • Der spanische Kapitän Cristóbal de Oñate, eine Amtsperson unter Nuño Guzman, dem Eroberer von Mexikos Ostküste, gründete am 12. April 1530 die Stadt Tequila. Oñate gründete auch die Stadt Guadalajara.[6]

Wie verlief wohl das Treffen zwischen einem Spanier, der seine Weingärten vermisste, und den Ureinwohnern Mexikos, die das Rezept für die Gärung von Mezcal kannten? Wir werden es nie erfahren, aber schätzungsweise geschah es um 1550 oder 1560, als die Region endlich befriedet war.

Oben: Don Pedro Sánchez de Tagle, Gründer der ersten Brennerei in Tequila, Jalisco.

Rechts: Der Mühlstein in der alten Brennerei bei San José del Refugio, Amatitán.

Bis Onate kam, hatten die kriegerischen Einwohner der Hügel und Täler Jaliscos es beinahe geschafft, die spanischen Invasoren zu vernichten. Fünfzig Jahre später berichten historische Dokumente von Mezcal, aber noch nicht von einem Getränk namens Tequila. Möglicherweise fand das Treffen zwischen den Spaniern und den Ureinwohnern gar nicht in Tequila statt, sondern in der Nähe, vielleicht an den Hängen des Vulkans, im Amatitán-Tal oder bei Tepatitlán, denn in diesen Gegenden wuchs die blaue *zapupe*. Die Spanier und auch die Kreolen tranken Wein und seine Abkömmlinge, die aus ihren Heimatländern importiert wurden oder aus der Gegend kamen, denn Wein gab es in Neuspanien seit dem 17. Jahrhundert. Die Ureinwohner tranken ihrer Tradition entsprechend Pulque oder gegorenen Mais. Als sich in Mexiko die Zuckerrohrplantagen ausbreiteten (lange Zeit nachdem die Spanier Zuckerrohr nach Kuba brachten), wurden einige auf die Produktion von Zuckerrohrschnaps und Rum abgestimmt. Lange Zeit zogen Spanier und Kreolen diese den

Agavenerzeugnissen vor. Wo wurde Mezcalwein oder Tequilawein zum ersten Mal destilliert? Manche sagen, es war in Amatitán, andere behaupten, in Arenal. Es gibt keine Dokumente, die diesen Streit schlichten können. Wir wissen nur, dass ein wohlhabender Landbesitzer aus Tequila, Don Pedro Sánchez de Tagle, der Marquis von Altamira, verschiedene primitive Techniken zusammengetragen und daraus eine Industrie geschaffen hat. Er pflanzte die ersten Agavenfelder, um Mezcalwein zu produzieren, und errichtete die erste Brennerei in Tequila am Anfang des 18. Jahrhundert.[7]

Oben: Mexico City und Umgebung. Aus: Vistas, trajes y monumentos, von C. Castro. J. Campillo und G. Rodríguez (Mexico Library).

Gegenüberliegende Seite, oben: *Etikett einer José-Cuervo-Brennerei aus dem 19. Jahrhundert.*

Gegenüberliegende Seite, unten: *Alte Korbflasche für Tequila, Sauza-Museum.*

Die Familien Cuervo, Rojas, Gallardo und Beckman • 1795 bekam José María Guadalupe Cuervo die Konzession, Mezcalwein legal in großem Umfang zu produzieren. Um das Jahr 1800 herum erbten sein Sohn José Ignacio Faustino Cuervo und seine Tochter María Magdalena Ignacia Cuervo die Taberna de Cuervo von ihrem Vater, der sie gegründet hatte. María Magdalena heiratete Vicente Albino Rojas und überschrieb ihm ihre Erbschaft.

Rojas war ein hart arbeitender Mann, der sich um die Brennerei kümmerte und sie vergrößerte, aber ihren Namen änderte. Es war Brauch unter den Mezcalweinherstellern, die Tavernen oder Brennereien nach ihrem Eigentümer zu benennen. Die Brennerei, die Vicente Albino Rojas leitete und später erbte, wurde daher La Rojeña genannt. Bis heute trägt die Fabrik der Cuervo-Firma diesen Namen.[8]

Ungefähr 1869 wurde ein gewisser Jesús Flores Eigentümer von La Rojeña, er erbte sie von den Nachkommen Vicente Albino Rojas. Er verlieh der Industrie neuen Schwung, und seine Brennereien waren die Ersten, die Tequila in Glaskrügen abfüllte. Wir wissen, dass er 1880 fast 700 000 Liter Tequila, oder im Durchschnitt 2000 Liter am Tag, verkauft hat. Jesús Flores hinterließ alles Ana González Rubio, sei-

ner zweiten Frau, die heute immer noch als *das* weibliche Familienoberhaupt gilt. 1900 heiratete sie José Cuervo Labastída, der damals der Chef von La Constancia war. Genau dieser José Cuervo, mit dem Namen seiner Vorfahren, übernahm bald die Führung und lenkte die Geschicke der Familienfirma. Der Name wurde wieder in La Rojeña geändert, und der Tequila trug den Namen José Cuervo – den Namen, den wir in der Werbung, auf den Flaschen und Plakattafeln am Eingang der Stadt Tequila sehen.

Cuervos offizieller Eigner war immer noch Ana Gonzáles Rubio, und 1934 vermachte sie La Rojeña ihrer Nichte Guadalupe Gallardo. José Cuervo blieb Chef der Firma, die weiter expandierte, bis er 1921 starb. Nach seinem Tod übernahm seine Witwe, Doña Ana, das Management. In der nächsten Generation erbte Virginia Gallardo die Firma. Sie heiratete Juan Beckman, einen deutschen Konsul, der in Guadalajara lebte. Cuervo fiel dann an ihren Sohn Juan Beckman Gallardo und später an dessen Sohn, Juan Beckman Vidal, der heute Firmenvorstand ist.

Von 1758 an bis heute war die Cuervo-Familie eine Kraft in der Tequilaindustrie, obwohl schwer zu beweisen ist, dass Blutsbande zwischen den ersten Cuervos und den jetzigen mexikanischen Eigentümern bestehen, die 55 Prozent des Firmenkapitals besitzen.[9]

Die Familie Sauza • Anfang des 19. Jahrhunderts gründete Don José María Castañeda die Brennerei La Antigua Cruz in Tequila, eine Fabrik für Mezcalwein. Jahrzehnte später, im September 1873, wurde sie von Cenobio Sauza aufgekauft. La Antigua Cruz war nicht die erste Brennerei, die Cenobio Sauza besessen hatte. Davor hatte er La Gallardeña geleitet und später gekauft.[10] 1888 wurde La Antigua Cruz in La Perseverancia umbenannt.

Unter dem Management von Cenobio Sauza fand unter dem Namen Sauza der erste belegte Export von Mezcalwein aus Tequila in die USA statt.[11]

Später ging La Perseverancia in die Hände von Eladio Sauza über, eines der sechs Kinder von Don Cenobio. Obwohl sich Tequila als gute Einnahmequelle erwies, hatte er nicht viel dafür übrig. Ein Foto zeigt ihn, wie er einem Freund mit Cognac zuprostet.

1943 wurde Francisco Javier Sauza, der älteste Sohn von Eladio, ein gebildeter Mann, der weit herumgekommen war, Chef der Firma. Der große Erfolg, den Tequila in Mexiko und anderswo feiern konnte, ist zum Großteil seiner fantasievollen Vorgehensweise zu verdanken. Er investierte viel Zeit und Geld, um Tequila zu dem blühenden Geschäft zu machen, als das es sich uns heute darbietet.

Silvia Sauza und ihr Museum • Doña Silvia Sauza Gutiérrez, die Tochter von Don Francisco Javier Sauza de la Mora, ist eine bezaubernde Frau. Sie leitet ein Museum, das ihr Vater in dem ehemaligen Wohnsitz der Familie errichtet hat. Es liegt im Zentrum von Tequila, Jalisco. Das Museum ist ein Zeugnis der Errungenschaften von drei Generationen der Familie Sauza. Tequila Sauza gehört nicht mehr zum Familienbesitz, seitdem es von einem englisch-spanischen Konsortium aufgekauft wurde, und es sind dezidiert kulturelle Gründe, aus denen Silvia Sauza das Museum betreibt.

In einigen Räumen des Sauza-Museums hängen Bilder, die detailliert die Geschichte des Tequila zeigen. Das Museum enthält auch alte Möbel und kleine traditionelle Kacheln, mit Sprichwörtern dekoriert. In Francisco Javier Sauzas ehemaligem Wohnzimmer liest man auf einer Kachel an der Wand über der Bar: »Zuerst mit Wasser. Dann ohne Wasser. Und schließlich wie Wasser.«

Das Museum ist ein Spiegel des Jahrhunderts selbst. Da gibt es Urkunden von weltweiten Messen, auf denen Sauza sein Produkt ausgestellt hat, und mysteriöse Etikette mit der Aufschrift »Tequila Brandy« oder »Mexican Whiskey«. Gott weiß, was in den Köpfen von Don Cenobio und Don Eladio vor sich ging! Man findet auch Muster der kleinen irdenen Flaschen, die man verwendete, bevor Tequila in Glasflaschen abgefüllt wurde. Und es gibt Fundstücke, Tequilagläser in allen Formen und Größen, und Bilder mit Familienporträts. Einige dieser Gemälde wurden auf Etiketten und Kalendern abgedruckt oder hingen in den Brennereien. Und einer der Originalbriefe in dem Museum ist von dem Schauspieler John Wayne, adressiert an Don Francisco Javier (vgl. Abb. auf S. 139). Er schrieb darin, dass er dank Tequila zwölf Stunden lang an einem Film arbeiten konnte, obwohl er eine Lungenentzündung hatte!

Der Übergang zur Moderne • Tequila war nach 1940 über viele Jahre hinweg sehr knapp, denn es gab schlicht und einfach nicht genügend Agaven für die industrielle Produktion. Obwohl offizielle Standards die Tequilaproduktion mit weniger als 100 Prozent Agavenmost verboten, machten die Behörden im Zweiten Weltkrieg eine Ausnahme, denn die Nachfrage nach jeder Art von Alkohol war enorm, sowohl innerhalb als auch außerhalb Mexikos.

Links: *17 Millionen Agaven braucht man im Jahr, um das aktuelle Produktionsziel an Tequila zu erfüllen. Hier werden die »Ananas« aufgetürmt, bevor sie in La Perseverancia, der Tequila-Sauza-Brennerei, verarbeitet werden.*

Gegenüberliegende Seite, oben: *Nach der Mexikanischen Revolution exportierten die Tequila-Sauza-Brennereien einen Teil ihrer Produktion wieder in die USA. Hier ist ein Beispiel des sehr beliebten so genannten »Mexican Whiskey«.*

Ganz links: *Diese Auszeichnung bekam Don Cenobio Sauza für seinen »Mezcal Brandy« bei der World's Columbian Exposition 1893 in Chicago.*

Gegen Ende der 1950er Jahre hatten die großen Tequilafabriken begonnen, die systematische Ernte der Pflanze zu refinanzieren, obwohl sie warten mussten, bis die Agaven gereift waren. Dennoch mussten Anfang der 1960er Jahre viele Fabriken die Arbeit mangels Rohstoffen einstellen. Das führte zu Arbeitslosigkeit und verstärkte ein Problem, das schon seit den 1930er Jahren existierte: das Panschen von Tequila. 1963 wurde von den Handelsbehörden das Gesetz »DEN-R-9-1964« erlassen, das Tequilaproduzenten erlaubte, gemischten Most aus mindestens 70 Prozent Agavensaft zu verwenden. Der Rest durfte aus anderen Zuckern (unraffinierter Zucker und Melasse) bestehen. Somit konnten die Fabriken trotz der Agavenknappheit die Arbeit wieder aufnehmen.

>>Erst mit Wasser. Dann ohne Wasser. Und schließlich wie Wasser.<<

1970 war der Rohstoffmangel noch immer nicht behoben. Daher schraubten die Behörden den vorgeschriebenen Prozentsatz an Agavengehalt weiter herunter, diesmal auf 51 Prozent. Innerhalb einer Dekade stieg die jährliche Tequilaproduktion von 23 Millionen Litern 1970 auf fast 60 Millionen an, zum Teil aufgrund der Zugeständnisse der Behörden, zum Teil wegen einer entschlossenen Reduzierung der Produktion von erstklassigem Tequila aus 100 Prozent Agave.

Während der letzten 20 Jahre haben sich Tequila- und Agavenproduktion stark gewandelt. Obwohl Feldarbeit und Fabriken modernisiert wurden, gibt es immer noch Meinungsverschiedenheiten zwischen den Leuten, die Agaven anpflanzen, und denen, die Tequila herstellen. Jahrelang diktierten die Brennereien die Agavenpreise, aber nur bis zu einem gewissen Punkt. Wenn die Agaven knapp sind, können auch die Agavenanbauer den Preis kontrollieren. Und sie können die Auswirkungen von Überproduktion kontrollieren, indem sie die Brennereien zwingen, ihren Überschuss zu kaufen.

Märkte • Mitte des 18. Jahrhunderts, nachdem Mexiko die Unabhängigkeit erreicht hatte, wurde Mezcalwein oder Tequila bereits außer Lan-

Oben: Eine der ersten Flaschen Tequila Sauza.

Gegenüberliegende Seite: Millionen Liter Tequila werden unabgefüllt exportiert und später in Flaschen mit in Mexiko unbekannten Markennamen und Etiketten verkauft.

des verschifft. Im letzten Viertel des Jahrhunderts wurde ein Drittel des produzierten Tequilas exportiert. Davon gelangten 80 Prozent in die USA, zwölf Prozent nach Südamerika und acht Prozent nach Großbritannien.

Anfang des 20. Jahrhunderts (als der Botaniker Weber der blauen Agave aus Jalisco seinen Namen verlieh) war der Tequilaexport auf zehn Prozent der gesamten Produktion zurückgegangen und er stieg jahrelang nicht über 20 Prozent, nicht einmal während des Zweiten Weltkriegs. 1974 jedoch gab es wichtige Reformen in der Landwirtschaft. Große Landstücke wurden an besitzlose Landarbeiter verteilt, und diese trieben den Anbau von Agaven voran. Zudem gab es mehr Brennereien, und so wuchs die Branche. Internationale Firmen schalteten sich ein und förderten die Industrie, indem sie große Brennereien kauften und neue Märkte eröffneten. 1985 lag der Tequilaexport bei 31,1 Millionen Liter, und 1998 erreichte er 87 Millionen Liter, 1999 waren es 97,5 Millionen Liter.

Wer importiert Tequila? • Die USA sind heute mit 82 Prozent des weltweiten Exportvolumens der größte Kunde. Der Rest wird nach Europa (zwölf Prozent nach Holland, Deutschland, Belgien, Frank-

Don Leonardo Rodríguez, Eigentümer der Brennerei Hacienda Corralejo, Guanajuato, lernte die Kunst des Destillierens in Spanien bei der Produktion eines Eichellikörs.

reich und Großbritannien), Lateinamerika (zwei Prozent) und in die übrige Welt (vier Prozent) verschifft. Tequila wird inzwischen in über 70 Ländern verkauft. Das ist hauptsächlich großen internationalen Vertriebsfirmen zu verdanken, vor allem solchen aus den USA und Großbritannien.

Unter den größten Vertreibern (aufgelistet nach Volumen an gehandeltem Tequila) sind Barton Brands, Ltd.; Brown-Forman Beverage Co.; Grand Metropolitan und seine Tochterfirma Carrillon Imports[12]; Domecq Imports Co.[13]; Heaven Hill Distilleries, Inc.; Jim Beam Brands Co.; Joseph E. Seagram and Sons, Inc. Die vollständige Liste umfasst insgesamt 66 Firmen. Manche davon handeln nur große Volumen einer Marke, andere vertreiben mehrere Marken.

In den meisten Fällen ziehen die nationalen Produzenten den Export dem heimischen Markt vor. Das liegt nicht nur an der Anziehungskraft des Dollars, sondern vor allem an größeren Gewinnspannen. Auf Exportmärkten können die Preise höher gehalten werden, während der Inlandsverkauf von Tequila mit 60 Prozent Steuern auf den Fabrikpreis sowie mit 15 Prozent Mehrwertsteuer belegt werden. Nichtsdestotrotz bekommt der Steuereintreiber auch seinen Teil, wenn das Geld aus dem Export ins Land kommt.

Wo wird am meisten Tequila getrunken? • Die gesamte Tequilaproduktion (Zahlen von 1999) liegt bei 191 Millionen Litern. Knapp über die Hälfte davon (97,5 Millionen) sind für den Export bestimmt, der Rest (93,5 Millionen Liter) bleibt für den Verbrauch in Mexiko.

In den USA wird der meiste Tequila in den großen Städten Kaliforniens konsumiert – San Diego gilt als Paradies für Tequilatrinker, Florida, New York und Illinois kommen gleich danach.

Links: *Abfüllung und Etikettierung bei Tequila Sauza.*

Nächste Seiten: *Die Agavenöfen in der Fabrik Herradura, Amatitán.*

In Europa hat Tequila den größten Erfolg in Deutschland, Holland, Belgien und Frankreich und erfreut sich wachsender Beliebtheit in Spanien, Italien, Russland und Großbritannien. Der Fall Großbritannien ist paradox: Obwohl die beiden größten Tequilahersteller inzwischen von britischen Firmen kontrolliert werden, ist England dennoch kein großer Konsument.

Ein anderes seltsames Beispiel ist Spanien. Dort wird nur sehr wenig Tequila getrunken, obwohl das Originalrezept dafür eigentlich aus diesem Land stammt.

Der Boom • Der weltweite Tequilaverkauf steigt unaufhaltsam in die Höhe. Jedes Jahr wird Tequila in immer mehr Länder exportiert, und der Verbrauch scheint grenzenlos. Bei der momentanen Wachstumsrate könnten Mexikos Tequilaexporte Ende des Jahres 2000 leicht auf über 100 Millionen Liter kommen. In Mexiko selbst gibt es derzeit 774 Marken, manche Bars (wie das Antonio's in Mexico City) bieten über 350 verschiedene Sorten an!

Man weiß nicht, wie viele Tequilamarken es auf der ganzen Welt gibt. Aber es heißt, es gäbe allein in den USA mehr als 5000 verschiedene Labels. Fast täglich tauchen neue auf, sowohl auf dem heimischen Markt als auch im Ausland. Ein Mann, der Tequilaflaschen und -etiketten aus der ganzen Welt sammelt, behauptet, über 1500 Marken in seiner Privatsammlung zu besitzen.

In Mexiko kostet eine 0,75-Liter-Flasche mit bestem Tequila bis zu 3500 Pesos, während der Preis außer Landes bis zu 1000 US-Dollar gehen kann.

Wie begann der Boom? • In den 1960er Jahren schlossen die Tequilafirmen Allianzen und Joint Ventures mit ausländischen Produzenten und Vertriebsfirmen, oft als Teil einer Handelsstrategie, manchmal aber auch nur, um das Überleben zu sichern. Obwohl Tequila überall verkauft und geschätzt wurde, begann er erst Anfang der 1990er den Markt zu überfluten. 1992 zum Beispiel hatte der Getränkemanager des Ritz Carlton Hotel in Cancun, Ricardo Cisneros Beltrán, heute ein erfahrener Tequilier, einen Geistesblitz, der ihn beinahe den Job kostete:

Ich wusste sehr wenig über Tequila, aber ich sah, dass er bei Touristen, vor allem ausländischen, sehr beliebt war. Ich dachte mir, dass es sicher lustig wäre, in einem Teil der Hotelbar nur Tequila auszuschenken – sozusagen eine »Tequilaecke«. Mein Boss hielt mich für verrückt. Wie könnte ich nur auf die Idee kommen, in einem Fünf-Sterne-Hotel auf Tequila zu setzen, das Louis XIII-Cognac servierte? Ich organisierte jedoch alles so geschickt, dass meine Idee einfach funktionieren musste. Ich schuf »Happy Hours« für Tequila und lud jeden ein, ihn auf neue Weise zu probieren … in kleinen, genussvollen Schlucken. Die Gäste waren gewöhnt, ihn schnell zu trinken wie einen Shot – Wumm! Bamm! So hat man Tequila immer getrunken. Doch das »Schmecken« war etwas anderes. Es war der Hit!

Wir kauften und servierten viele klassische Tequilamarken. Sie schienen zuerst alle ähnlich, doch dann bemerkte ich, dass es bestimmte feine Unterschiede zwischen ihnen gab, und meine Kunden mochten die Marken aus 100 Prozent Agave am liebsten.

Anfang 1993 traf auf einmal ein neuer Tequila ein, ein feiner Reposado. Die Flasche war aus mundgeblasenem bernsteinfarbenen Glas. Ein richtiges Kunstwerk. Auch der Preis war etwas Besonderes, viel teurer als alles, was ich bisher gesehen hatte. Dieser Tequila war ein echter Knaller. Er steht für mich am Anfang des Booms, denn von da an bekamen wir viele neue Tequilas. Einige waren völlig neue Marken, andere waren bloß in andere Flaschen gefüllt. Die Tendenz zu 100 Prozent Agave bei den Blancos, Reposados und Añejos wurde immer stärker … Dasselbe galt für den Zustrom an Kunden. Da fand mein Boss mich gar nicht mehr verrückt.

Mögen die guten Zeiten weitergehen! • Alle etablierten Tequilahersteller traten 1990 ins Rennen und gaben sich besondere Mühe, Qualität und Präsentation anzuheben (oder aufrecht zu erhalten). Investoren öffneten bereits geschlossene Brennereien oder errichteten neue. Die Tatsache, dass eine Familie auf eine lange Tradition der Tequilaherstellung zurückblicken konnte, hieß nicht unbedingt, dass ihre Mitglieder wussten, wie man guten Tequila macht. Glücklicherweise gab es immer noch »Magier«, die von Kindesbeinen an in der Tequilaindustrie gearbeitet hatten. Sie hatten ihren Vätern und Großvätern zugeschaut und kannten die Geheimnisse.

Tequila ist heute mit seinem weltweiten Siegeszug nicht nur eine kommerzielle Erfolgsstory, er hat auch ein gewisses Prestige gewonnen. Heute steht er stolz Seite an Seite mit den feinsten Spirituosen in Fünf-Sterne-Hotels auf der ganzen Welt.

Halleluja!

Oben: Ein rostfreier Tank wird mit Orendain-Tequila für den Export befüllt.

Gegenüberliegende Seite: Füllen eines Lagerfasses, Hacienda Corralejo, Guanajuato.

Die Ländereien und Brennereien von Jalisco • In Jalisco kann man viele der 50 bis 60 Tequilabrennereien besuchen, die sich auf die 15 Gemeinden des Staates verteilen. Von hier stammt fast die gesamte weltweite Produktion. Unser »Tequilateam« – Fotograf, Autor und Tequilaexperte – verbrachte den angenehmsten Teil von zwei Monaten mit Reisen, Lernen und Probieren.

Amatitán

Tequila Herradura, NOM 1119 • Wir besuchten in dieser Gegend vier Brennereien und entschieden uns dafür, nur Tequila Herradura zu beschreiben. Der Firmenvorsitz erlaubte uns, die Fabrik auf eigene Faust zu erkunden und Fotos von der Hacienda de San José del Refugio, den zwei Fabrikhallen, den Lagerhäusern, dem Haupthaus und jeder Ecke des Firmengeländes zu schießen. Die einzigen Orte, die wir nicht betreten durften, waren versiegelte Lagerhäuser, die – wenig überraschend – als »off-limits«, nicht zugänglich, bezeichnet werden, sowie die Häuser, in denen die Familie immer noch lebt.

Wenn man diese Hacienda betritt, fühlt man sich an den Anfang dieses Jahrhunderts zurückversetzt. Am Eingang stehen die Häuser der Arbeiter. Viele dieser Leute sind hier geboren und haben hier ihr ganzes Leben verbracht. Neue Gebäude vermischen sich mit alten, restaurierten Häusern und fügen sich mit Feldern, Scheunen und Fabrik zu einem gepflegten Anwesen zusammen.

Die Einwohner von Amatitán glauben, dass die Tequilas von La Herradura die besten sind. Sie werden auf traditionelle Art produziert, und bestehen jeden Qualitätstest. Vor wenigen Jahren noch wurden über 10 000 Liter am Tag produziert. Dann errichtete man eine neue Fabrik, und heute liegt die Tagesproduktion zwischen 30 000 und 35 000 Litern.

Oben: Die Jungfrau von Guadalupe, Glaubenssymbol in Mexiko.

Gegenüber: »Goldener Regenbaum« in der alten Hacienda de San José del Refugio.

San José del Refugio, alte Brennerei • In La Herradura kann man immer noch die Originalbrennerei von San José del Refugio besuchen. Die Brennerei ist so gut erhalten, dass dort sogar ein Film gedreht wurde, der zeigte, wie die Menschen in der Vergangenheit gelebt haben. Der Ort ist dunkel, bedrückend und feucht. Wo früher Kerzen und Fackeln waren, gibt es heute trübe gelbe Lampen. Man kann die große Mühle aus vulkanischem Gestein und den ersten Gärungsbottich sehen, ein großes schwarzes Loch im Boden. Dieser erste Bottich ist nur ein Dutzend Schritte von der Mühle entfernt, aber der letzte ist über

60 Schritte weit weg – ein langer Marsch, wenn man Krüge mit einem Gewicht von 60 oder 80 Kilos auf dem Kopf trägt! In der Entfernung erblickt man zwei alte Lagerbottiche aus weißer mexikanischer Eiche.

Eine Kostprobe • Im obersten Stockwerk des Gebäudes gibt es einen Aussichtspunkt, von dem aus man über das Tal von Amatitán bis zum Vulkan Tequila in der Ferne blicken kann. Das ist ein herrlicher Ort, um sich zu entspannen und die Tequilaspezialitäten der Brennerei zu kosten. Herradura macht einen der stärksten weißen Tequilas in Mexico (45 Grad GL), mit intensivem Agavenaroma und einem würzigen Nachgeschmack. Wenn Sie ihn auf der Zunge lassen, ist der erste Eindruck fast zu stark. Doch der Nachgeschmack ist weich und verführerisch. Wir probierten auch den »Silber«, der etwas milder ist (40 Grad GL).

Die *Reposados* aus Herradura haben Charakter und hinterlassen ein weiches Aroma mit leichtem Holzeinschlag. Der *Añejo*, der zweieinhalb Jahre gelagert ist, hat einen verlockenden Holzgeschmack, der anfangs trocken scheint, dann aber süß wird.

Links: *Die Destillierhalle in der Tequilafabrik La Herradura. Während viele tequileros schwören, dass man für guten Tequila Destilliergeräte aus Kupfer braucht, werden in Herradura solche aus rostfreiem Stahl verwendet, ohne dass die Qualität beeinträchtigt wäre. Die Verbrauchernachfrage ist für all ihre Marken hoch.*

Gegenüber: *Automatisierte Abfüllanlage in der Tequilafabrik La Herradura.*

Tequila

Tequila Orendain's La Mexicana, NOM 1110 •

Der Hausherr von La Mexicana begrüßte uns herzlich und vertraute uns dann Señor Pedro Juárez an, einem Techniker, der in der Fabrik arbeitete. Er zeigte uns zunächst die blauen Agaven im Vorgarten. Dann brachte er uns zu der alten, aber gut restaurierten Mühle.

La Mexicana ist wirklich eine moderne Fabrik mit Hochdruckkesseln, industriellen Laufstegen, Arbeitern in Uniform und komplettem Sicherheitsequipment. Der Tequila aus den Gleichrichtungsretorten ist ein gemischter Weißer (51/49). Wir probierten ihn und waren sehr angetan. Bei diesem Besuch kamen wir nicht dazu, den Orendain Ollitas zu kosten, der aus 100 Prozent Agave hergestellt ist. Der Tequila wird nicht auf dem Gelände abgefüllt. Er wird in Containern zur Orendain Abfüllanlage oder zum Vertrieb in Florida geschafft.

Tequila Cuervo, NOM 1104[14] • Womit soll man beginnen, um eine der ältesten mexikanischen Tequilafirmen zu beschreiben, die auch noch am meisten Tequila herstellt? Mit La Rojeña natürlich! Diese große Brennerei steht an der Kreuzung der Straßen Ramón Corona und José Cuervo in Tequila, Jalisco. Die Gesellschaft besitzt zusätzlich noch eine Brennerei in Zapotanejo.[15] Zusammen produzieren die beiden Werke 210 000 Liter am Tag. Die Fabrik ist gut organisiert. Cuervo hat so weit wie möglich die traditionellen Prozesse beibehalten und sie erfolgreich mit modernen Technologien kombiniert: Die Agave wird langsam in gemauerten Öfen gekocht. Gemahlen wird in alten Mühlen, die genügend modernisiert sind, um mit maximaler Effizienz zu arbeiten. Die Gärungsbottiche aus rostfreiem Stahl sind auf ästhetische Weise angeordnet und wirken wie Wasserfälle. Es handelt sich um Spezialbottiche mit Temperaturmessern, was man in anderen Tequilafabriken selten findet. Ausgefeilte Sicherheitsvorrichtungen sind überall installiert.

Cuervos Spitzenprodukt, wenn man nach Verkaufszahlen geht, ist der Tequila *joven* oder »gold«. Er ist ein altes Produkt, mit dem es der Firma gelang, sich auf dem amerikanischen Markt zu etablieren. »Gold« ist ein gemischter Tequila (51 Prozent Agave und 49 Prozent andere Zucker) und nur so lange gereift, dass er Farbe bekommt, der Geschmack weich wird und er ein Holzaroma annimmt. Er ist in den USA so beliebt, dass die Leute statt nach Tequila meistens nur noch nach »Cuervo« fragen.

Cuervo macht auch verschiedene Tequilas mit 100 Prozent Agave. Im Bereich *reposado* und *blanco* hat Cuervo einige feine Produkte entwickelt.

Gegenüber: Orendain, Hersteller des traditionellen Ollitas Tequila.

Unten: Die Straße José Cuervo, wo die Tequilaherstellung begann.

Wir dachten, unser Besuch sei vorbei, als unsere Gastgeberin uns mit der Nachricht überraschte, dass Señor Luis Yerenas Ruvalcaba, der Regionaldirektor, uns zu einer Probe des neuen *Añejos* eingeladen hatte.

Als wäre dies nicht genug, sagte man uns, dass die Probe im Keller der Familie Beckman stattfände, wo, wie wir vermuteten, die feinsten

Schätze von Tequila Cuervo gelagert waren. Im Keller wurden wir vom Direktor und den Ingenieuren begrüßt, die mit Qualitätskontrolle und Produktionsüberwachung beauftragt sind.

In den Lagerhäusern hatten wir schon Hunderte von Tequilafässern gesehen, die wohl für die Millenniumsfeiern abgefüllt und verkauft werden sollten. Als die Leute uns erklärten, dass sie zwei letzte Wahlmöglichkeiten für einen neuen probieren wollten, fragten wir uns, ob es möglich sei – sollten wir es zu hoffen wagen? –, dass es um den »Millenniumstequila« geht?

Sie erklärten uns, dass nur eine ausgewählte Gruppe von Leuten für die Produktion und Qualitätskontrolle des Tequilas verantwortlich sei und dass dieses Team ständig zusammenkäme, um die verschiedenen Produkte zu testen, Ideen auszutauschen und die Idealbedingungen für die Produktion ihres allerbesten Tequilas zu diskutieren. Unter diesen Verkostern gibt es keine Hierarchie, nur der Gaumen zählt. Sie amüsieren sich prächtig und prahlen damit, dass sie sogar »Hausaufgaben« zu machen haben: Jeder nimmt den Tequila mit nach Hause, schenkt Freunden und Familie ein und sammelt Meinungen.

Die Probe • Zwei Cognacschwenker stehen vor uns. Eines ist mit einem dunklen Punkt gekennzeichnet, der andere nicht. Die Tequilaflaschen sind genauso markiert. Es sind zwei *Añejos*. Wassergläser und salzige Cracker stehen bereit, um den Gaumen zu reinigen.

Oben: Cuervo Gold, ohne Zweifel die bekannteste Tequilamarke außerhalb Mexikos.

Gegenüber: Der Keller der Familie Beckman, wo neue Tequilas verfeinert werden und die Reserva de la Familia gelagert wird.

Wir nippen an dem Glas ohne Markierung. Der erste Eindruck ist weich, mit »Charakter« – diesen Begriff verwendet man, wenn über die Alkoholdämpfe ein Duft in die Nase steigt. Er ist außerdem leicht süß und schmeckt nach Holz und Mezcal.

Ein Schluck Wasser, aber kein Cracker • Dann gehen wir zum nächsten, gekennzeichneten Glas. Nicht so weich, weniger Charakter. Der Geschmack ist würziger, weil das Holzaroma stärker ist. Der Mezcal ist da, aber schwerer zu finden. Nach dem Schlucken bleibt ein süßer Geschmack.

Ein weiterer Schluck Wasser. Ja, jetzt wollen wir doch einen Cracker, und dann mehr Wasser. Der Tequila in dem Schwenker ohne Markierung ist weicher, hat ein reicheres Mezcalaroma und bekommt beinahe unsere Stimme. Doch als die Probe weitergeht, wird der Drink mit dem Zeichen besser und besser und nimmt uns schließlich für sich ein.

Der Tequilaexperte aus unserem Reiseteam meinte, dass beide Tequilas extrem gut waren. Er erklärte, dass der aus dem nicht gekennzeichneten Glas einen leichten Kräutergeschmack hat, der sich schön mit dem Mezcal vermischt, und dass er einen starken Charakter mit einem ausgewogenen Holzaroma besitzt. Der andere *Añejo* war aber überlegen, weil sein Geschmack gut definiert ist, ohne dass das starke Mezcalaroma und die hervorragende Qualität verloren geht.

Tequila Sauza, NOM 1102 • Die Brennerei in der Straße Francisco Javier Sauza Mora Nummer 80 in Jalisco ist sehr groß, die größte nach Cuervo. Als wir uns dort umsahen, erfuhren wir aus den örtlichen Medien, dass die Brennerei eine Expansion plante, nach der sie in naher Zukunft an erster Stelle stehen würde. In dieser Brennerei werden bei der Hydrolyse der Zucker die Rohstoffe zweimal gewaschen, einmal mit Säure und einmal mit Enzymen, bevor der zerkleinerte Mezcal dazukommt.

So weit wir wissen, war der erste 100-Prozent-Agave-Tequila, den diese Firma produziert hat, der berühmte Hornitos, ein *Reposado*. Zu Lebzeiten von Don Javier Sauza wurde ein *Añejo* mit dem Namen Tres Generaciones eingeführt. Da wir in der Fabrik nicht kosten durften, beschlossen wir, ein paar Sauza Tequilas zu kaufen.

Der Weiße (auch als »Silber« bekannt) und der »Gold« sind super für Margaritas. Sie sind o.k. als gemischte Tequilas für Cocktails und gut genug, um sie pur, mit Sangrita oder klassisch mit Limette und Salz zu trinken.

Der *Reposado* ist sehr gut. Er hat eine zarte Honigfarbe, einen schönen Charakter und ausgewogenen Mezcalgeschmack. Der erste Schluck ist weich, aber hinterlässt einen süßlichen Nachgeschmack, der den Gaumen ein bisschen verwirrt, und hat nicht den Charme des Weißen.

Sauzas *Añejos* können mit den zahlreichen anderen nicht mithalten, die mit ihm um den ersten Platz wetteifern. Es fehlt ihnen an Charakter, obwohl sie einen angenehmen,

weichen Geschmack haben. Vor zehn Jahren waren sie besser, obwohl sie aus einer Mostmischung hergestellt wurden.

Trotz alledem behaupten Barkeeper, dass ihr *Reposado* aus 100 Prozent Agave für eine gute Margarita der beste ist.

La Tequileña, NOM 1146 • Die Geschichte hinter dieser Brennerei ist hochinteressant. Sie wurde in den 1960ern von einem der Brüder Orendain[16] gegründet und Anfang der 1980er von Bacardi aufgekauft. Die Anlage wurde modernisiert und vergrößert und hat heute eine Produktionskapazität von über 9000 Litern Tequila am Tag. Die Marke des gemischten Tequila hieß Xalisco und existiert heute noch.

1987 wurde La Tequileña wieder verkauft, an eine Firma, die Brandy herstellt. Dieser war kein großer Erfolg beschieden, und 1990 ging die Brennerei an Don Enrique Fonseca, einen der größten Agavenproduzenten im

Staat Jalisco. In seinen Händen florierte die Firma, und 1992 produzierte sie Tequila bester Qualität aus 100 Prozent Agave. Die Gesellschaft hat den Ruf von exzellenter Qualitätskontrolle und spielte daher eine wichtige Rolle im neuen Tequilaboom. Investoren, die eine eigene Tequilamarke produzieren wollen, wenden sich oft an La Tequileña.[17]

Oben: *Die Errichtung eines dreifachen Destillierturms leitet eine neue Ära in der Tequilaherstellung von La Tequilena ein.*

Gegenüber: *Der Haupteingang von La Perseverancia, der Tequila-Sauza-Fabrik.*

Eine weitere verlockende Probe • Unser Tequilaexperte hatte eine angenehme Überraschung für uns: In La Tequileña wurden wir eingeladen, drei Kostproben von drei Jahre gealtertem Tequila *añejo* zu probieren. Sie waren bereits in der letzten Auswahlrunde und wurden für die Gesellschaft Suave Patria produziert. Bei dieser Probe ging alles viel einfacher vor sich. Es gab keine Tischdecken oder Cognacschwenker. Die Tequilaproben waren in Erlenmeyerkolben und Likörgläsern. Das erste Muster wurde wegen seiner unkorrekten Proportionen sofort abgelehnt. Mezcal und Holz hatten sich nicht gut verbunden. Anstatt verlegen zu sein, lächelte der Techniker: Nur ein kleiner Test.

Die beiden anderen Tequilas waren recht gut. Einer war sehr weich und süß, doch der Mezcalgeschmack übertönte das Holzaroma. Er schmeckte eher wie ein acht Monate lang gealterter *Reposado* als wie ein echter *Añejo*. Der Zweite war ebenfalls weich, aber mit Charakter, und hatte ein starkes Holzaroma, das erst würzig schmeckte und dann leicht süß auslief. Er war köstlich. Für Neulinge wie uns schienen beide gut, aber unser Experte meinte, dass der Zweite der Bessere war, obwohl es noch einer kleinen Verbesserung bedurfte, um seinen Mezcalgeschmack besser herauszuarbeiten.

Atotonilco

7 Leguas, NOM 1120 • Anfang des 20. Jahrhunderts gründete Don José González mehrere Brennereien in Atotonilco. Sie waren dort nicht die ersten, aber die einzigen, die in den Wirren der Mexikanischen Revolution überlebten. Nach seinem Tod gingen die Brennereien an seinen Neffen Ignacio Gonzáles Vargas über, der die Brennerei am Fluss kaufte[18], und an seinen Cousin Julio González.

Die Brennerei von Ignacio González erhielt den Namen El Centenario, weil sie 1921, am 100. Jahrestag der Mexikanischen Unabhängigkeit gegründet wurde. Neben verschiedenen gemischten Tequilas produzierte El Centenario auch Tequila aus 100 Prozent Agave, der Stolz der Bewohner von Atotonilco:

»Die Leute aus Tequila haben uns nur mit ihrem Namen geschlagen«, sagt »7« González stolz.[19] »Jeder Tequila ist gut, aber der aus Atotonilco ist der beste. Und ich glaube, dass von denen meiner unvergleichlich ist. Wir sind zwar nicht die größte Firma, und ich will auch nicht sagen, dass der Tequila von den anderen González' hinterher hinkt, aber geschmacklich ist meiner einfach überlegen.

Obwohl die Stadt Tequila dem Getränk
den Namen gab, gibt es inzwischen
auch andere Regionen in Jalisco, die
große Landstriche dem Anbau der
blauen Agave widmen.
Eine dieser Gegenden ist die
Kolonialstadt Atotonilco im östlichen
Teil des Staates Jalisco.

Nach dem Tode von Don Ignacio führten seine Kinder El Centenario erfolgreich weiter. Als der Tequilaboom begann, expandierten sie und bauten eine neue Industrieanlage namens La Triunfadora. Dort gibt es Destilliergeräte aus Kupfer und aus Stahl, und die Inhalte von beiden werden zusammengemischt. Die Anteile der Mischung werden geheim gehalten, denn sie begründen die charakteristischen Eigenschaften ihrer *Blancos, Reposados* und der exklusiven *Añejos*.

Das Altern findet in nicht besonders großen Lagerhäusern statt, die bis oben hin mit Fässern angefüllt sind.

7 Leguas, das Pferd aus einer früheren Zeit • Unser Gastgeber lud uns ein, einen seiner *Añejos* namens El Patrón zu kosten, der offensichtlich nur für den Export hergestellt wird. Derselbe Tequila wird in Mexiko unter dem Namen 7 Leguas Black Label verkauft, doch selbst der Hersteller hat Mühe, ihn zu finden.

Der erste Schluck von diesem Tequila hatte Charme und Charakter. Der Mezcalgeschmack kam und ging, übertönt vom Holzaroma. Er war in einem ziemlich alten Fass gereift, und so brannte er weder auf der Zunge noch schmeckte er nach mehr. Sein Aroma war sehr leicht, fast wie Maiszucker, und er schien Körper zu haben, doch selbst das verschwand nach einer Weile und hinterließ einen süßen Nachgeschmack von Mezcal.

Später probierten wir den weißen 7 Leguas im Restaurant Campestre am Stadtrand von Atotonilco. Die Streitereien begannen. Diejenigen von uns, die auf weißen Tequila schwören, waren begeistert. Die anderen hatten Einwände. Bevor das Ganze in eine Schlägerei ausartete, einigten wir uns darauf, ihn nicht mit dem allerbesten »Weißen«, dem sprichwörtlichen Herradura, zu vergleichen, obwohl wir genau wussten, dass die weißen 7 Leguas sich auch in dieser Gesellschaft behaupten können.

Sie sind vielleicht keine »Brüder«, könnten aber »gute Freunde« sein. Dieser Tequila aus Atotonilco war nicht so überzeugend wie der aus Amatitán, aber über Geschmack lässt sich nicht streiten.

Der Getränkespezialist Bob Emmons findet, dass die 7-Leguas-Tequilas zu den besten gehören. Momentan sind sie Bestseller unter den so genannten Super-Premium-Marken. Diese Tequilas gelten als einige der glamourösesten und überzeugendsten, und wenn Sie eine Tequilaprobe machen wollen, sollten diese auf jeden Fall dabei sein.[20]

»7 Leguas war der Name des Pferdes, das Villa am meisten schätzte. Wenn die Züge pfiffen, blieb das Pferd stehen und bäumte sich auf. 7 Leguas war der Name des Pferdes, das Villa am meisten schätzte.«

»Was im Topf ist, kommt auf dem Löffel heraus.«

Tres Magueyes, NOM 1118 • Don Julio González aus Atotonilco, Jalisco, gründete in den 1930ern im Alter von nur 17 Jahren seine erste Brennerei. Er hatte durch seine Familie schon viel wertvolle Erfahrungen gesammelt. Als Junge arbeitete er bei seinem Onkel und lernte die alte Methode, Mezcalwein in unterirdischen Öfen zu machen, so wie es vor der Erfindung von Dampfkesseln üblich war.

Don Julios zweite Firma bekam nach langem Brainstorming im Kreis der Freunde und Familie den Namen Tres Magueyes. Die Brennerei selbst nannte man La Primavera.[21]

Don Julios Ländereien liegen zwar recht verstreut, summieren sich aber zu insgesamt 800 Hektar; Er zeigte uns ein paar seiner Felder und erklärte uns die Techniken beim Pflanzen, Umpflanzen, räumlichen Verteilen und Düngen. Er demonstrierte auch, wie man sehen kann, ob ein Land für die Agavenpflanzung geeignet ist, und zeigte, woran man einen durch Regenüberflutung unfruchtbar gewordenen Boden erkennt. Don Julio erklärte: »Mit der Pflanze fängt alles an. Wenn der Mezcal gut ist, wird auch der Tequila gut sein. Was im Topf ist, kommt auf dem Löffel heraus. Bei uns ist das sehr wichtig. Die Leute merken es, und deshalb ist unser Tequila so erfolgreich.«

Wir machten Halt auf dem Landsitz von Francisco González, dem Sohn von Don Julio und einem der einflussreichsten Männer in der Tequila-Industrie Mexikos. Hier lud man uns ein, die besonderen Tequilas der Familie zu probieren. Sie lagern in einer Reihe Fässern unter einer Bar in einem Raum, der sich zu dem schön eingerichteten Wohn- und Esszimmer öffnet. Die herrlichen Wandgemälde verschlugen uns den Atem. Wir bekamen einen *Añejo* namens Don Julio Real (einer der teuersten und prestigereichsten Tequilas) sowie eine Kostprobe ihres Tequila *reposado* und *blanco*. Letzterer war nicht wirklich weiß und erinnerte eher an einen *Reposado*. Alle waren exzellent.

Arandas und Jesús Maria

In diesen beiden Städten in Los Altos gibt es fast ein Dutzend Brennereien, und die Tequilas aus Arandas genießen nicht nur in Jalisco, sondern landesweit in Mexiko und auch im Ausland ein ganz besonderes Ansehen.

Tequila Tapatío, NOM 1139 • La Alteña war der ursprüngliche Name der Brennerei, die der Familie Camarena gehörte. Nach einer Zeit gehörte sie Felipe Camarena Hernández, der in ganz Anandas unter dem Namen Don Felipe bekannt war. Dieser Gentleman vermachte die Firma seinem Sohn Felipe Camarena Orozco, einem Chemieingenieur, der in dieser Stadt nur »Ingenieur Camarena« genannt wird. Heute ist Señor Camarena über 70 Jahre alt und steht seinen Kindern Carlos und Felipe Camarena Curiel immer noch als Berater zur Seite. Beide sind gut ausgebildete Profis und managen die Firma mit Hilfe ihrer Schwester.

Tequila Tapatío ist in Arandas verwurzelt, und obwohl die Firma ziemlich klein ist, ist er der Lieblingstequila vieler Experten. Tesoro (»Schatz«) de Don Felipe Blanco war so erfolgreich, dass er nun zu den drei besten weißen Tequilas in Mexiko zählt und vier Sterne erhalten hat, eine höchst seltene Auszeichnung für weiße Tequilas. [22]

In der Brennerei probierten wir den weißen Tequila. Die beiden Brüder Camarena sagten uns, dass die Tradition verlangt, dass Gäste den Tequila aus einem Bullenhorn trinken müssten.

»Hier haben wir zwei Hörner«, sagte uns Carlos Camarena, als wir uns dem hölzernen Fass mit weißem Tequila näherten. »Dieses hier ist das klassische Horn, um Tequila zu probieren.«

»Oder möchten Sie lieber ein Ziegenhorn«, fügte sein Bruder hinzu, »für die, die mit der Tradition brechen wollen?« (Cuerno de chivo ist der volkstümliche Name für einen bestimmten Maschinengewehrtyp.) Unverzagt nahmen wir das Bullenhorn, und alle von uns bestanden den Horntest. Danach konnten wir el batido, den nackten, menschlichen Rührbesen, in Aktion zu erleben. Glücklicherweise durchläuft der Tequila danach noch einen Destillationsprozess, und die hohen Temperaturen machen alles steril…

Ahhh! *Sehr gut! Tapatío ist so süß, wie ein Tequila sein sollte. Er hat viel Charakter, ist aber in Geschmack und Aroma weich, gut am Anfang, aber besser am Ende. Anders. Ja, ganz anders als andere Tequilas aus Jalisco und Los Altos. Der Mezcalgeschmack ist intensiv, und Eleganz wird dem Charme geopfert. Er schmeckt so gut, dass man leicht zu viel davon trinken könnte.*

Corralejo

Tequila Corralejo, NOM 1468 • Im Staat Guanajuato, in der Gemeinde Pénjamo, besuchen wir die Hacienda Corralejo. Diese Brennerei vereint Kulturgeschichte mit Tradition. Sie ist ungewöhnlich, weil sie fast die einzige NOM-Brennerei ist, die guten Tequila außerhalb des Staates Jalisco produziert. Diese hübsche ehemalige Hacienda ist bekannt als Geburtsort von Pater Miguel Hidalgo, dem Vater der Mexikanischen Unabhängigkeit. Sofort fallen einem die alten kupfernen Destillgeräte ins Auge, die ursprünglich einmal zur Destillation von Eicheln in Spanien eingesetzt wurden, wie uns der Besitzer, Don Leonardo Rodríguez, erzählte. Am Vordereingang verströmen traditionelle gemauerte Öfen und Agavenmühlen einen einladenden Duft. In der Hacienda dienen einige Räume als Museum, das die Geschichte der Mexikanischen Unabhängigkeit dokumentiert.

Tequila trinken:
Techniken, Tricks und Trinkermärchen

Tequila ist eine Legende, umgeben von zahlreichen Mythen, Riten und Konventionen. Wir werden diese aus der Sicht des Experten erforschen, aber auch aus der Sicht desjenigen, der einfach nur Freude am Trinken hat. Tequila ist alles: ein Aperitif, ein gastronomisches Vergnügen und ein guter Digestif. Nach einem harten Tag entspannt er die Seele. Auf einer Party erfüllt er das

Herz mit Euphorie. Und für alle, die über die Maßen trinken, ist er die Eintrittskarte zum Fegefeuer. Trinken ist ein Genuss. Ein Kater ist eine Demütigung! Eigentlich dachten wir, man müsse den Tequila in einem Schluck hinunter kippen. Ein alter Kneipenbruder in Tequila, der uns dabei zusah, wie wir *El Tequileño*, den Favoriten der Kneipe, pur und ex tranken, erklärte uns:

»So hat einer meiner besten Freunde immer weißen Tequila getrunken.

Er trank es wie Wasser. Ich verdünne meinen mit Eis oder einem Softdrink.

Ansonsten würde mir dasselbe passieren, was meinem Freund passiert ist.

Er jagte seine Ziegen quer über alle Berge… obwohl er nie Ziegen gehabt hat!«

Manche Experten meinen, man sollte Tequila mit der Zungenspitze kosten. Dieser Bereich ist anscheinend am wenigsten empfindlich. Wenn man das Getränk direkt auf die hintere Zungenpartie fließen lässt, wo der bittere Geschmack wahrgenommen wird, ist man nämlich gezwungen, schnell zu schlucken, weil der Geschmack so stark ist, dass er einem den Atem nimmt. Liebhaber vergleichen Tequila trinken mit dem Anzünden eines Feuers im Mund, das man instinktiv sofort wieder löschen will. Diesem Impuls kann man in verschiedener Weise nachgeben.

Limette und Salz • Es gibt zwei Sorten von mexikanischen grünen Limetten: bittere Limetten, die in Michoacán, Colima und den Staaten um Jalisco angebaut werden, und die großen, weniger säurehaltigen, kernlosen Limetten, die auf weiten Flächen in Nuevo León wachsen. Beide Arten werden jedoch Limetten genannt und sind gut geeignet, um das Tequilafeuer zu löschen.

Ein traditioneller Tequilatrinker, der seinen Tequila mit Limettensaft und Salz genießt, hält üblicherweise diese Reihenfolge ein:

Die Limetten werden in Viertel geschnitten und neben einen Teller mit Meersalz gelegt. Einfache oder doppelte Schnapsgläser stehen in Bereitschaft, wobei letztere vor allem für weißen Tequila verwendet werden. Die Reihenfolge ist einfach: Zuerst nimmt man einen kleinen Schluck, um den Tequila zu kosten und mit dem Drink Bekanntschaft zu schließen. Der erste Schluck wird nicht »gelöscht«, da kurz darauf ein langer Zug folgt,

Oben: Ricardo Cisneros, Tequilaner, probiert einen genuinen Don Felipe Treasure im traditionellen Bullenhorn.

Gegenüber: Limette und Salz sind die würzigen Partner des Tequila.

Seite 100: Pedro Armendáriz in dem Film Juan Charrasqueado von 1974. Collection Pascual Espinoza.

sollte erst seine schulden bezahlen.«

der sich über die Zunge den Weg ins Innerste der Seele bahnt. Einen kurzen Moment danach beißt man in die Limette, um die Zunge zu beruhigen, und leckt ein bisschen Salz, das man sich vorher auf den Handrücken gestreut hat. Wenn Sie diesen Schritt überspringen möchten, können Sie das Salz auch direkt auf die Limette geben. Dieser Brauch, den Tequila mit Limette und Salz zu löschen, ist seit langen Jahren Tradition. Inzwischen jedoch wurden auch neue Methoden entwickelt. Manche Trinker pressen zuerst die Limette aus und mischen den Saft mit dem Tequila im Schnapsglas. Das kann eine Enttäuschung sein, denn Luftkontakt macht die Limette bitter.

Manche sagen, der ganze Trinkvorgang sollte nur mit einer Hand geschehen. Dafür muss man abwechselnd das Tequilaglas und die Limette zwischen Daumen und Zeigefinger nehmen, wobei das Salz aus einer kleinen Mulde auf dem Handrücken derselben Hand geleckt wird. Das ist gar nicht so einfach und erfordert einige Übung, will man vermeiden, dass das Salz auf dem Hemd landet oder gar im Schnurrbart hängen bleibt.

Sara García und Pedro Infante im Film
»Dicen que soy mujeriego« von 1948.
Collection Pascual Espinoza.

Weitere Feuerlöscher – Sangrita • Dieses alte Rezept, um das Feuer zu löschen, ist in Mexiko in jeder Gegend anders. Im Laufe der Zeit und unter dem Einfluss von Touristen hat es einige Veränderungen gegeben. Die Leute in Jalisco sind beleidigt, wenn jemand behauptet, die *Sangrita* sei dort möglicherweise gar nicht erfunden worden. Dennoch sprechen alle Anzeichen dafür, dass dieses ungewöhnliche Getränk aus Yucatán oder Campeche stammt, wo die bittersten Orangen wachsen. Die *Sangrita* in Yucatán wird mit dem Saft dieser Orangen, Salz und einer Mischung aus Chilischoten zubereitet. Limetten werden nicht verwendet und sind hier,

Sangrita

(Das Rezept stammt von der Familie

Martinez Gallardo, Guadalajara).

2 Ancho-Chilischoten

   (ca. 25 g pro Stück),

   leicht angebraten,

   geputzt und eingelegt

1 Esslöffel fein gehackte Zwiebeln

2 Tassen Orangensaft

1 Esslöffel Grenadine

Saft von 1 Limette

Alle Zutaten in den Mixer geben und

pürieren.

offen gesagt, auch unnötig. Im Westen Mexikos (Michoacán, Jalisco, Colima und Nayarit) wandelte man die Sangrita-Rezepte, die ursprünglich auf einer Mixtur aus Orangensaft, Salz, roten Chilischoten und Granatapfelsirup basierten, ziemlich stark ab. Hier fügt man Tomatensaft hinzu, und diese seltsame neue Kombination wurde bald sehr beliebt. So können Sie also mit Tequila »Feuer fangen« und es mit *Sangrita* »löschen«. Die Machos meinen zwar, das sei etwas für alte Frauen, doch sehr wohlschmeckend ist es allemal.

Der Maurer auf Sauftour • Die Glut des Tequila mit Bier zu löschen, ist in Mexiko üblich, und nachdem beide Getränke lange Zeit mit den unteren Gesellschaftsschichten in Verbindung gebracht wurden, beschloss jemand, diesen Brauch »die Sauftour des Maurers« zu nennen. Heute ist er allerdings in allen sozialen Schichten zu Hause. Es gibt zwei verschiedene Arten: Sie trinken erst einen Tequila und schütten ein Bier hinterher, um den Brand zu löschen, normalerweise ein Lager. Die andere, etwas gewagtere Prozedur, nennt man

submarine, und sie besteht darin, über ein mit Tequila gefülltes Schnapsglas ein leeres Bierglas zu stülpen. Beides wird vorsichtig herumgedreht, wobei das Tequilaglas fest am Boden des Bierglases haften muss, und dann gießen Sie das Glas mit Bier auf, so dass sich die beiden Alkoholika jedes Mal vermischen, wenn Sie einen Schluck nehmen.

Das Endergebnis von Bier mit Tequila ist, dass Sie schnell betrunken werden, weshalb es auch die Maurer gerne tun. »Ein billiger Rausch«, sagen sie.

Changuirongos. In den 1940er Jahren kam in der Stadt Guadalajara ein Softdrink in Mode, der *Royal Crown Cola* hieß und aus den USA kam. Irgendjemand hatte die schlaue Idee, den Tequila damit schnell zu löschen, ohne aber auf die Limette zu verzichten. Tequila, Limettensaft und Cola wurden zusammengemixt. So ent-

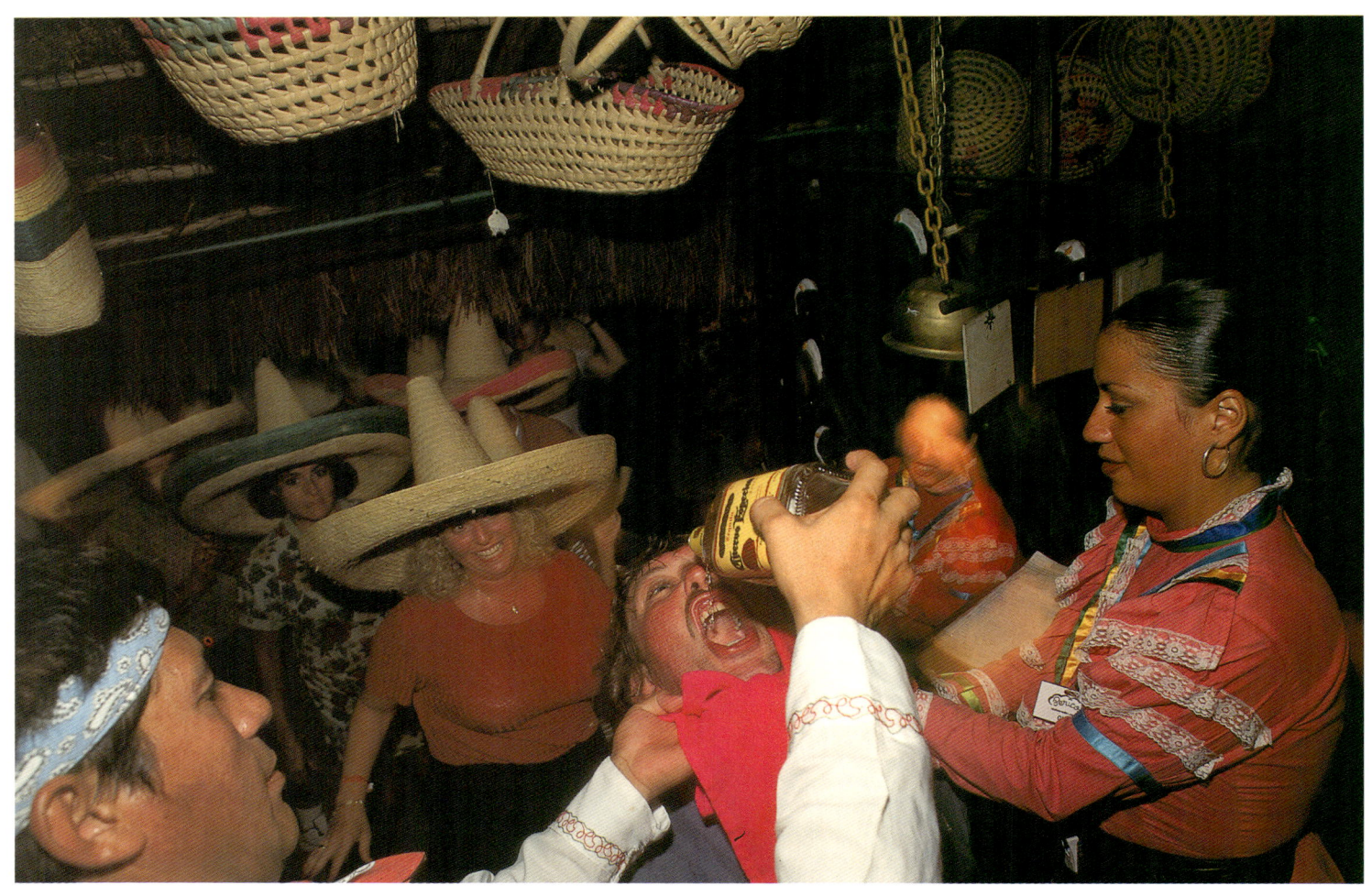

stand das erste Rezept für einen *Changuirongo*. Später wurde beschlossen, dass man auch Salz hinzufügen kann, und anstatt damit nur den Glasrand zu verzieren, wurde es direkt in das Getränk gegeben.

Allerdings hat diese Mischung einen Haken: Wenn Sie den Tequila durch die Cola, die Limette und das Salz hindurchschmecken wollen, müssen Sie ziemlich viel davon eingießen. Das Resultat ist, dass Sie bald vor der Jungfrau von Zapopan stehen und um Ihr Leben betteln.

Eine andere Version des *Changuirongo* ist momentan in Guadalajara ziemlich in. Der Tequila wird mit Eis und Grapefruitsaft verdünnt. Limette und Salz sind mögliche Begleiter.

Muppets

sind eine weitere, berühmtere Version. Hier werden kleine Schnapsgläser zu gleichen Teilen mit Tequila und einer kalten Limetten- oder Grapefruitlimonade wie Sprite gefüllt. Die Zutaten werden erst gemixt und geschüttelt. Dann knallt man das Glas auf die Tischplatte, so dass die Kohlensäure der Limonade aufschäumt, und trinkt es in einem Zug. In den USA werden diese Drinks »Slammers« genannt.

Cucarachas,

oder »Küchenschaben«, sind mörderisch. Diesen Drink bereitet man aus Tequila, einem Kaffeelikör wie Kahlua und Cointreau. Alles wird in einem Glas gemischt. Man gibt einen kurzen Strohhalm in das Getränk und zündet es an. Der Cucaracha-Trinker muss das Glas leeren, bevor die Flammen den Strohhalm zerstört haben… und kann dann seine Seele den lieben Gott empfehlen!

»Muppets«: eine echte Zeitbombe aus Tequila und Limetten- oder Grapefruitlimonade.

»Perlenketten« und Mythen • Für den modernen Trinker, der mit Tequila seine Sinne befriedigen, aber nicht verlieren will, könnten die Gaumenfreunden nicht zahlreicher sein.

Wenn Tequila in ein sauberes Glas eingeschenkt wird, zum Beispiel in einen Cognacschwenker, bilden sich Bläschen. Manchmal gibt es nur eine große Blase, und manchmal kommen viele kleine, die schnell an die Oberfläche steigen und sich dort an den Wänden des Glases ansetzen. Das sieht aus wie eine Perlenkette. Es gibt einen direkten Zusammenhang zwischen diesen Blasen und dem Alkoholgehalt und Körper des Tequilas. Wenn keine Blasen auftreten oder sie schnell verschwinden, bedeutet das, dass der Tequila nicht sehr stark ist, oder *cortado* (»geschnitten«). Wenn sich die hübsche Halskette auf dem Getränk bildet, können Sie sicher sein, dass Sie ein Kunstwerk vor sich haben!

Nach einem Festmahl • Nach einem guten, üppigen Essen lässt sich ein starker Drink gut trinken und hilft beim Verdauen. Das ist der Moment für *Añejo*-Tequilas. Ein, zwei, sogar drei Gläser von einem guten *Añejo* sind ein hervorragender Abschluss für jede Mahlzeit. Nach drei Gläsern *Añejo* kann allerdings alles passieren. Wer gerne raucht, kann den Tequila zusammen mit einer guten Zigarre aus Veracruz oder Havanna genießen. In Mexiko heißt dieses Ritual de-*sempace*, das heißt wörtlich, »den vollen Magen beseitigen«.

Tequila-Weisheiten bieten viele Lösungen für Lebensprobleme und Dilemmas: Wenn Sie traurig sind, wird ein Glas Tequila Sie aufmuntern. Im schlimmsten Fall müssen Sie allerdings noch mehr weinen. Wenn Sie glücklich sind, macht er Sie noch glücklicher. Wenn Sie reizbar sind, wird Tequila ihre Nerven beruhigen. Wenn Ihre Freundin Sie verlässt, inspiriert er sie dazu, sich eine neue zu suchen.

>>Gut trinken, gut essen... und auf das Ende warten.<<

Wenn Sie leiden, macht er Sie singen. Sie sollten jedoch nie Tequila trinken, wenn Sie wütend sind, denn er macht es nur noch schlimmer. Man sagt, Tequila sei ein Schlägerdrink, weil zu viel davon zu Gewalttätigkeit führen kann.

Die Sache mit dem Kater • Es gibt viele düstere Legenden rund um den Tequila. Sie kommen und gehen mit der Mode und stammen meist von Leuten, die über eigene Erfahrungen berichten, während sie noch unter deren Einfluss stehen.

Vor zehn Jahren hielt man in Mexiko jeden für naiv, der zu behaupten wagte, Tequila erzeuge keinen Kater. Dann kam der Boom und mit ihm das Gerücht, dass ein gut destillierter Tequila aus 100 Prozent Agave keinen Kater macht. Auf einmal war er nur ein Apéritif, Digestiv und Aphrodisiakum, so rein und natürlich, dass man ihn direkt in die Venen spritzen könnte. Wundervoll!

Eines ist wahr (und das schwören wir vor der Jungfrau von Guadalupe): Wer behauptet, sich gut zu fühlen, nachdem er am Abend zuvor einen Liter Tequila getrunken hat, der muss, selbst wenn ihn der Tequila über tausend Mark gekostet hat, seine Seele dem Teufel verkauft haben.

TEQUILA CHAMUCOS

AGAVE 100 %

SI AMANECE NOS VAMOS

Tequila

BLANCO

MARIJUANA

PLATINUM

SATISFACTORES, S.A. DE C.V.

HECHO EN MEXICO   NOM-1144

TEQUILA
BLANCO

CONTENIDO NETO

SantaRita

HECHO EN MEXICO
NOM-1171-I

ENVASADO POR:
NACIONAL VINICOLA, S. A.
SAFRAN No. 609 COL. GRANJAS MEXICO
08400 - MEXICO. D. F.

Etiketten • Früher waren Tequilaetiketten mit Grafiken bedruckt, die lediglich dem Marketing und der Werbung dienten. Manchmal waren diese zwar sehr schön anzusehen, aber nie enthielten sie Informationen über die Eigenschaften des Tequilas.

In den 1940ern und 1950ern formalisierte die Tequilaindustrie die Etikettierung; die Etiketten wurden geändert, denn die Behörden verlangten, dass auf jeder Flasche die Herstellungsgenehmigung, der Alkoholgehalt und andere offizielle Informationen aufgedruckt wurde. Die Organisation der Tequilahersteller brauchte jedoch fast 20 Jahre, um sich auf einen Standard zu einigen, der alle zufrieden stellte.

Die aktuell gültigen Kriterien der Etikettierung stammen von 1994. Sie fordern, dass das Etikett[23] übersichtlich und gut lesbar ist und alle Informationen auf Spanisch enthält[24]. Vorgeschrieben sind:

1. Name des Produkts und offizielle Identifikation (NOM) der Brennerei.

2. Art des Tequila (*blanco, joven, reposado, añejo,* oder gemischt mit Kaffee, Sirup etc.)

3. Nettoinhalt in Litern oder Millilitern.[25]

4. Alkoholgehalt in Grad GL oder Volumenprozent bei 20 °C.

5. Name der Brennerei oder Handelsname, Adresse und Registriernummer bei der Steuerbehörde.

6. Eingetragenes Warenzeichen.

7. Herstellungsort und die Aufschrift *Hecho en México* (»Made in Mexico«).

8. Der Satz »Übermäßiger Konsum dieses Produkts ist gesundheitsschädlich«.

Die Angaben zu den Punkten 1, 6 und 7 müssen vorne auf dem Etikett stehen, während die anderen überall auf der Flasche stehen können.

Der »Rat für die Regulierung von Tequila« stellt ebenfalls eigene Anforderungen: Wenn der Tequila aus 100 Prozent Agave hergestellt ist, muss auf dem Etikett »CRT 100 Prozent Agave« stehen und das Siegel zeigen, das die Herkunft des Tequilas bestätigt. Ansonsten dürfen die Etiketten nach Belieben mit Logos und Slogans bedruckt werden.

TEQUILA TAPATIO
250 ML
Cont. Neto 250 ml.
40% alc vol
Tequila
REPOSADO
100 % AGAVE
TAPATIO
CRT
NOM-1139
ELABORADO EN LA FABRICA "LA ALTEÑA" POR:
Tequila Tapatio S.A. de C.V.
A. OBREGON 35 ARANDAS, JAL.
REG. FED. DE CAUS. TTA-711204-001
HECHO EN MEXICO
ELABORADO Y ENVASADO BAJO LA VIGILANCIA DEL GOBIERNO MEXICANO
EL ABUSO EN EL CONSUMO DE ESTE PRODUCTO ES NOCIVO PARA LA SALUD

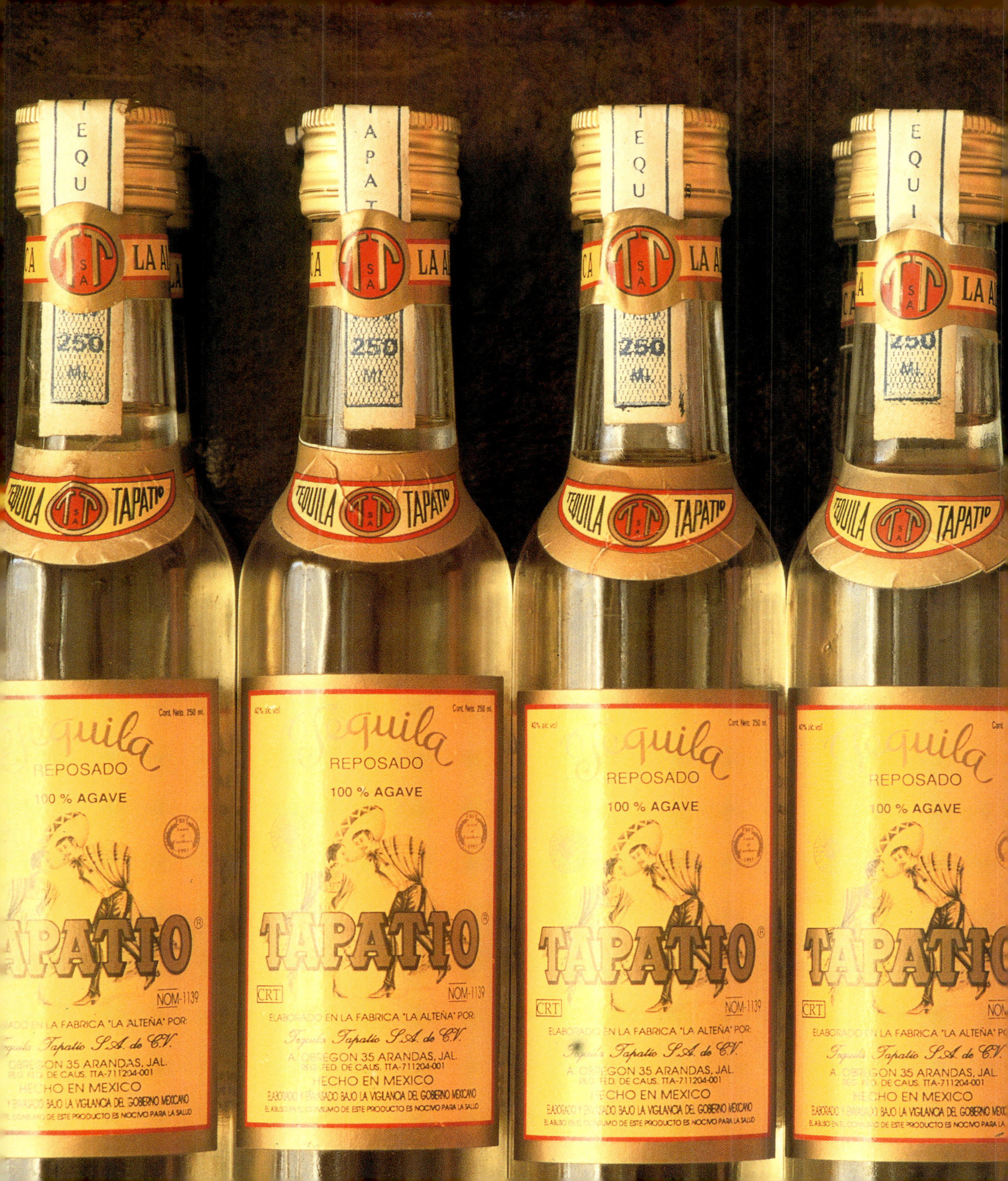

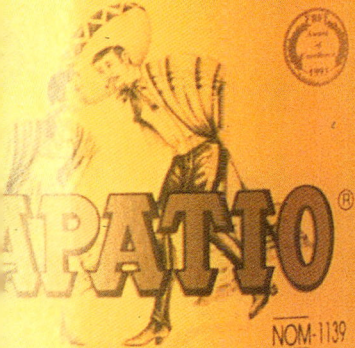

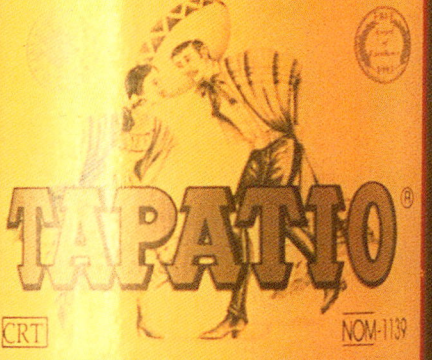

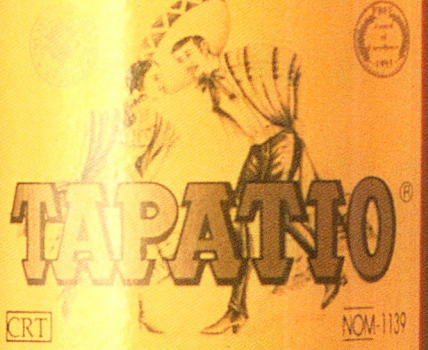

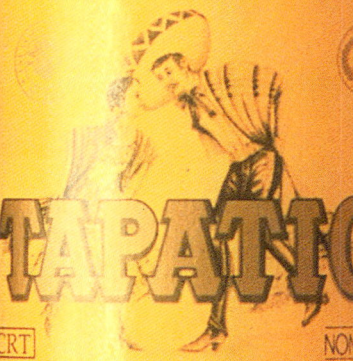

Flaschen und Flaschenverschlüsse • Hier betreten wir eine Welt, in der Gesetze und Realität nicht unbedingt übereinstimmen. Das liegt an den vielen Ausnahmen, die für den Export von Tequila gelten.

Ursprünglich wurde Tequila nicht einmal in Flaschen abgefüllt. Es war gängige Praxis, ihn in kleine Holzfässer mit oder ohne Zapfen zu füllen, die von den Leuten gekauft und nach Hause geschafft wurden. Auch Tonkrüge oder Kalebassen dienten als Gefäße.[26]

Obwohl bereits seit Ende des 19. Jahrhunderts Glasflaschen verwendet wurden, begann deren industrieller Gebrauch in großem Umfang erst in den 1920er und 1930er Jahren.

>>Trinken, trinken, trinken, bis wir nicht mehr können! Lang lebe Noé, der große Patriarch!

Warum, warum, warum?

Weil er den köstlichen Geist erfunden hat, Mezcal, Mezcal, Mezcal.<<

Die klassische Tequilaflasche, *pachita* oder *pachoncita*, ist die kleine Flasche, die man in den mexikanischen Filmen aus dieser Zeit sehen kann. Sie passt leicht in eine Tasche und wird in dem Satz »Hey, reich mir das Penicillin« besungen.[27]

Momentan schreibt das Gesetz vor, dass eine Flasche, egal welcher Form oder Größe, ein zusätzliches Siegel besitzen muss. Es gibt nämlich Leute, die die Flaschen entweder kopieren oder sie nachfüllen. Manche Gesellschaften, vor allem die, die Tequila exportieren, versiegeln oder etikettieren auch die Flaschenverschlüsse. Einen Tequila nach der Flasche auszusuchen ist nicht einfach. Beinahe täglich gibt es neue Marken mit ihren jeweils verschiedenen Präsentationen. Vor einigen Jahren noch war es einfach, einen Tequila auszusuchen, wenn man in ein Spirituosengeschäft ging. Man musste sich nur zwischen einem *Cuervo*, *Sauza*, *Orendain*, *Herradura*, *Eucario González*, *Xalisco*, *Viurda de Romero* und ein paar anderen Marken entscheiden. In Bars oder Restaurants gab es vier oder fünf Wahlmöglichkeiten, in größeren vielleicht zehn. Das hat

In den vergangenen Jahren ist Tequila nicht nur als Qualitätsgetränk berühmt geworden, sondern auch für die atemberaubende Vielfalt seiner Flaschen und Etiketten. Die auf den Seiten 112 bis 120 abgebildeten Flaschen stammen aus der Sammlung von Don Juan Francisco Torres Landa, die über 1500 verschiedene Tequilas umfasst.

sich inzwischen geändert. Heute findet man in jedem kleinen Spirituosengeschäft mindestens 15 verschiedene Marken, und große Geschäfte bieten vielleicht bis zu 40 Sorten an.

Der Tequila boomt inzwischen auf der ganzen Welt, mit dem Ergebnis, dass manche Bars und Restaurants zu richtigen Tequilamuseen geworden sind. Dort werden Hunderte verschiedene Marken verkauft, jede in einer anderen Flasche mit unterschiedlichen Verschlüssen und Etiketten. Manche Tequilas sind in Behältern aus mundgeblasenem Glas oder handgearbeiteter Keramik abgefüllt, die aussehen wie Krüge oder edle Likörflaschen. Manche sind ganz lang und schlank, andere kurz und gedrungen. Sie können rechteckig oder rund sein, aus dunklem oder transparenten Glas. Die Verschlüsse sind aus Plastik, Kork, Holz oder einer Kombination aus allen drei. Viele Flaschen sind so gemacht, dass sie nicht wieder gefüllt werden können. Nicht alle Hersteller legen Wert darauf, vielleicht weil sie auf ihr Produkt vertrauen oder weil sie hauptsächlich in Länder exportieren, die keine Vorschriften für Flaschenverschlüsse haben.

Der Preis • Mundgeblasene Glas- oder handgefertigte Keramikflaschen sind echte Kunstwerke. Oft ist die Flasche mehr wert als der Inhalt, und weil sie zusammen verkauft werden, kommt es oft zu recht stolzen Preisen – 500 bis 1000 Pesos in Mexiko (ungefähr 25 bis 50 US-Dollar). In einer Bar zahlt man für ein Glas Tequila aus solch einer Flasche zwischen 100 und 500 Pesos, während ein Glas exzellenter weißer Tequila aus einer konventionellen Flasche in einer Bar, die 1000 Kilometer weiter weg ist, für nur 25 Pesos zu haben ist.

>>Wasser wird runtergegossen, Tequila wird genossen.<<

Wenn der Tequila in der Flasche selbst etwas Besonderes ist, ist ein hoher Preis vielleicht gerechtfertigt, doch seien Sie vorsichtig: Sie sollten wissen, ob Sie guten Tequila kaufen oder nur eine schöne Flasche in einer hübschen Verpackung.

Beim Kauf von feinen *Añejos* muss man dieselben Entscheidungen treffen wie beim Auswählen eines feinen Cognacs. *Cuervo Reserva de la Familia* und *Herradura Selección Suprema* (Supreme Selection) gehören zu den teuersten. Sie sind ihr Geld wert, aber man muss immerhin zwischen 1000 und 3000 Pesos für eine 0,75 Liter-Flasche hinblättern.

Und was ist mit den Billigtequilas, die 15 Pesos pro Liter kosten? Die Antwort ist einfach: Schreiben Sie Ihr Testament, bevor Sie davon trinken!

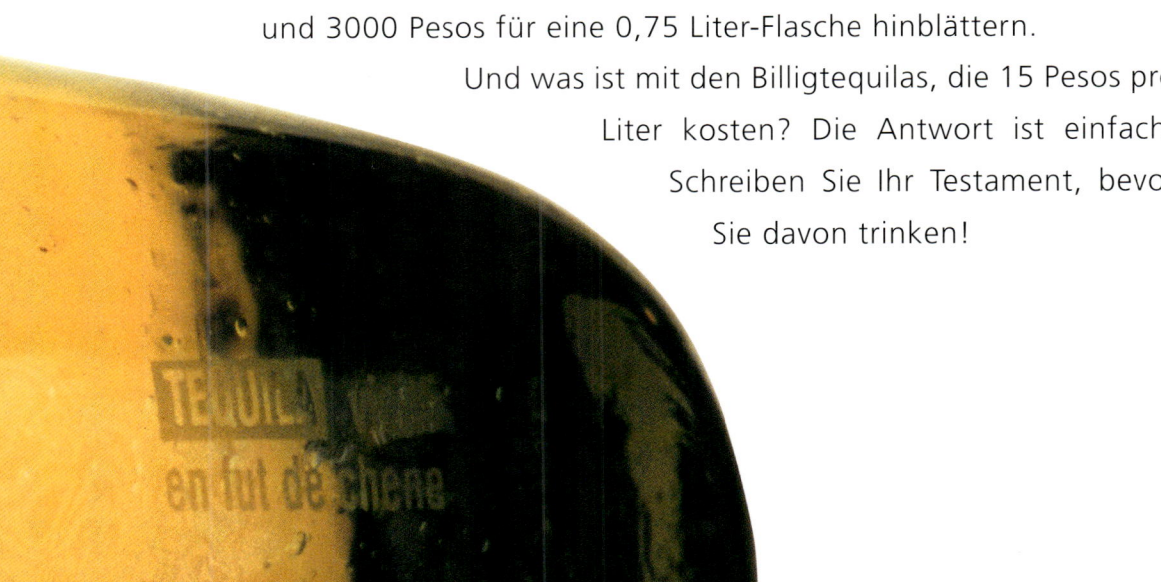

Tequila trinken in Tequila • Wenn man Tequila fernab der Touristenströme in der authentischen Atmosphäre eines kleinen Dorfes trinken möchte, sollte man in die *Cantina La Capilla* in Tequila gehen. Der Eigentümer ist Don Javier – »Javiercito« für seine Freunde –, der in seiner Jugend Fassmacher war, wie sein Vater und Großvater auch.

La Capilla ist eine bescheidene Wirtschaft mit drei Türen, aber nur vier Tischen und acht Barhockern, die Platz für acht Gäste bieten. Es gibt nicht viele verschiedene Tequilas, vielleicht fünf Marken, und weder Speisen noch Zigaretten. Dafür gibt es in *La Capilla* Don Javier, der die Geschichte des Tequilas seit über 60 Jahren aufgesaugt hat. *La Capilla* ist außerdem ein Treffpunkt für Don Javiers Freunde, die dem Dorf Leben und Seele geben. Manche sind einfache Farmer, manche wohlhabende Agavenpflanzer. Hier steht der Tagelöhner neben seinem Boss.

In dieser Cantina ist dickschädelige Trunkenheit und anderes seltsames Benehmen unerwünscht. Wenn ein Gast zu viel trinkt, halten alle Gäste zusammen und spielen ihm folgenden Streich: Sie stehen auf, verabschieden sich und gehen durch eine der Türen. Don Javier macht sich daran, die Kneipe zu schließen, und der Trunkenbold hat keine andere Wahl, als das Lokal zu verlassen. *La Capilla* befindet sich in einem Eckhaus, so dass die Türen auf verschiedene Straßen führen. Don Javier sorgt dafür, dass der betrunkene Gast durch den Vordereingang geht. Die anderen Gäste kommen inzwischen durch die Seitentür wieder herein.

Gegenüber: In La Capilla, einer Bar mit Rang und Namen in Tequila, bereitet Don Javier noch einen Changuirongo zu.

Übernächste Seite: Reproduktion eines Werbeplakats für José Cuervo.

>>Wer kennt in seinem Leben nicht
das Gefühl des Verrats,
das auf eine traurige Liebesgeschichte folgt?
Wer geht dann nicht in eine Bar
und verlangt einen Tequila
und ein Lied?<<

Tequila leben:
Ein Getränk wird zum nationalen Symbol

Kann man Tequila als entscheidenden kulturellen Faktor betrachten? Hatte der Rum einen Einfluss auf die Entwicklung in Kuba? Ist Whisky Teil der Kultur des schottischen Hochlands? Kann man über die Russen sprechen, ohne den Wodka mit einzubeziehen?

Noch Mitte des 17. Jahrhunderts existierte das Wort Tequila nicht, und einige hundert Jahre, nachdem man begonnen hatte, die speziellen blauen Agaven zu destillieren, hieß das typische

Getränk in Mexiko Pulque. Fragen Sie jedoch einen Fremden, welches Getränk für das Mexiko unserer Zeit steht, wird jeder sofort sagen: Tequila. Dieselbe Antwort geben auch 99 von 100 Mexikanern, obwohl in manchen Gegenden Zuckerrohrschnaps vorgezogen wird.

Die Leute im Staat Jalisco erzählen bunte und rührende Geschichten über die Bedeutung von Tequila in ihrem Leben. Macedonio, ein Sohn der Mexikanischen Revolution, erzählte uns die seine:

Ich wurde 1920 auf dem Land in Jalisco geboren. Dort wurde ich getauft, und bis ich 16 war, lebte ich in der Stadt Degollado. Meine ganze Familie waren Bauern oder Tagelöhner. Sie arbeiteten mit Zuckerrohr in Tepatitlán und ernteten Mezcal in Amatitán, Tequila, El Arenal und Venustiano Carranza. Wir arbeiteten, wo wir konnten und waren sehr arm. Erst 1939 auf der Militärschule lernte ich, mit Messer und Gabel zu essen. Ich hatte zwar schon Esswerkzeug gesehen, aber meine »Gabel« war ein Stück Tortilla.

Zu essen gab es jeden Tag Mais und Kürbis. Manchmal aßen wir das Yucca der Mezcalpflanze, gekocht mit Chili und Kaktus, Pferde- oder Eselsfleisch – nur selten Rind oder Ziege. Wir waren Christen, sehr katholisch, aber können Sie sich vorstellen, wie dieses Leben war? »Abuelita«, meine Großmutter mütterlicherseits, konnte nicht einmal Spanisch sprechen. Sie kam aus Nayarit und sprach einen regionalen Dialekt. Auf der väterlichen Seite waren alle ziemlich hellhäutig. Ich schätze, dass irgendwo auf dem Weg ein französischer Soldat Gefallen an meiner Urgroßmutter gefunden hatte. Doch ich war so schwarz wie die Erde und stolz darauf. Mein Vater und seine beiden älteren Brüder liebten den Mezcal sehr, aber sie erschienen jeden Tag zur Arbeit und benahmen sich nie daneben. Wir hatten ein kleines Haus am Abhang eines Hügels. Während der Präsidentschaft von Plutarco Elías Calles bekam mein Vater wie viele andere auch einen Hektar Bergland. Die neuen Landbesitzer fällten Bäume und beackerten das Land, um Mezcal anzupflanzen. Keiner wusste auch nur irgendetwas über diese Pflanze; das einzige, was zählte, war, dass das Land blau werden sollte mit der Farbe des Mezcal. Die Abgesandten der Firmen, die uns den Mezcal abkauften, waren immer gerissene Geschäftsleute. Manche kamen von Cuervo, andere gehörten zu Sauza in Tequila. Es war schwer, den Mezcal so weit zu transportieren. Ich sprach vorhin von den Älteren oder Erwachsenen. Also, damit meine ich, damals war ein Kind mit zwölf Jahren bereits ein Mann. Heute kriegt man in dem Alter noch den Hintern versohlt. 1932, als ich zwölf war, gab mein ältester Bruder Artemio mir einen Poncho und sagte mir, ich solle mitkommen.

Mein Vater und die anderen gingen vor dem Morgengrauen aus dem Haus. Wir liefen zwei Stunden, bis wir zu ein paar Feldern kamen, die mit Tausenden und Abertausenden Mezcals bepflanzt waren. Andere Trupps

waren dort schon bei der Arbeit. Ein Typ mit einem teuren Hut sagte uns, wir sollten uns in den Furchen an die Arbeit machen. Mein Bruder Artemio zeigte mir, wie man Agaven erntete und die Arbeit machte, die ich mein ganzes Leben lang gesehen hatte: Die Blätter werden von der Mezcalpflanze abgetrennt, die Wurzel wird beschnitten und die Agave rund wie ein Ball zurechtgehauen. Niemand nannte sie Ananas. Keiner von uns hatte jemals eine Ananas gesehen, nicht einmal in unseren Träumen! Ich rede jetzt von den süßen Ananas.

Oh Gott, schmecken die gut!

Als Schriftsteller finden Sie das vielleicht sehr romantisch. Es ist nett, einen Feldarbeiter bei der Ernte zu betrachten, denken Sie. Wie pittoresk. Wenn der Tequila dann endlich fertig ist, trinken ihn die reichen Leute und reden über das Leben, die Liebe, den Most, destillierte Spirituosen und jeden anderen Unsinn, der ihnen ein-

fällt Aber ich habe andere Dinge gesehen. Ich habe gesehen, wie sich ein Arbeiter mit einer scharfen coa den

Fuß abgehackt hat, nur weil er die Markierung nicht getroffen hat oder weil er müde oder krank war.

Ich sah, wie mein Vater, meine Brüder und meine Onkel ihr ganzes Leben diesen Feldern gewidmet haben —

pflanzen, pflegen, ernten, und dann, das allerschlimmste, die großen Mezcalbälle zu den Karren oder Lastwä-

gen schleppen. Auch ich habe sie getragen und weiß, was das für eine harte Arbeit ist. Als ich ein Junge war, sah

ich euch, wie sich arme Leute mit Tequila betranken. Aus Armut tranken sie, um zu vergessen. Dort in Degol-

lado sah ich viel Blut. Bauer und Rancher, bis oben hin voll mit Mezcal, hauten einander mit ihren Macheten,

coas und Äxten in Stücke. Man konnte die Blutflecken auf ihren Hemden sehen.

Ich muss Ihnen erzählen, wie ich es schaffte, überhaupt eine Ausbildung zu bekommen. Eines Tages, auf die

Empfehlung eines Mannes, der über fünf Ecken mit meinem Vater befreundet war, bekam ich die Formulare,

füllte sie aus und kam in die Militärakademie. Dort wurde ich ein anderer Mann. Als ich die Anstalt als Unter-

leutnant verließ, hatte ich Glück. Ich wurde einem Regiment im Süden von Jalisco, meiner Heimat zugeordnet.

Dort blieb ich mehrere Jahre lang. Es war Frieden, aber nicht wirklich. Die Truppen bestanden hauptsächlich aus

jungen, unerfahrenen Leutnants wie mir. Ich lernte Reiten, und damals hatte ich genügend Glück, um mit dem

Charro-Reiten zu beginnen. Ich liebte es, hatte aber nicht viel Zeit dafür, weil ich genug andere Arbeit hatte. In

relativ jungem Alter wurde ich zum Hauptmann und schließlich zum Major befördert.

Dann bat ich um Erlaubnis, an der Nationalen Universität zu studieren, damit ich eine Zukunft hätte. Obwohl ich dafür schon ziemlich alt war, machte ich das Abitur und studierte Bilanzbuchhaltung. All das tat ich, ohne die Armee zu verlassen. Ich musste meine armen Eltern und Verwandten unterstützen. Ich kann mit Stolz sagen, dass ich es geschafft habe.

Ungefähr um 1960 begannen die Dinge gut zu laufen. Ich verdiente mit meinem kleinen Buchhalterjob Geld und konnte meinen Leuten helfen. Eines meiner Hauptziele war, dass kein Kind in unserer Familie mehr gezwungen sein sollte, auch nur einen einzigen Mezcal zu ernten. Ich wollte, dass sie studieren und auf bessere Weise Geld verdienen konnten.

Es hat funktioniert – mehr oder weniger. Es tut weh, dass mir das Leben nicht Zeit genug ließ, um meiner lieben Mutter zu helfen, die so starb, wie sie gelebt hatte – arm.

Ich wurde ein guter Charro-Reiter. Ich kaufte ein großes Haus in Mexico-City, und renovierte es komplett. Meine Söhne und Töchter wurden auch Charros, und sie haben ein schönes Leben. Ich achte aber darauf, dass sie nicht vergessen, wo sie herkommen. Doch jetzt lasst uns über die Freuden des Tequila sprechen und nicht über den harten Überlebenskampf.

>>Für alles schlechte, Mezcal; für alles Gute auch.<<

»Was hat es auch sich mit Jalisco, das den Tequila so gemacht hat?«

Kurzer historischer Abriss • Das alte Volk der Nahua durchschritt Jalisco auf ihrer Wanderung durch Mexikos zentrale Hochebene. Es heißt, dass sie aus *Nayarit* kamen, einer Region, die heute zum Staat Jalisco gehört. Manche Historiker sagen, dass das mythische *Aztlán Chicomostoc* in *Nayarit* liegt. Andere wiederum glauben, es lag an den Ufern des Chapala-Sees. Eine Gruppe dieser Immigranten wurden Azteken genannt. Später änderten sie ihren Namen, als Mexi, der Gott der Pflanzen, erschien und sagte: »Von heute an sollt ihr euch nicht mehr Azteken nennen, ihr werdet Mexikaner sein.«[28] Wenn das stimmt, dann hat die Mexikanische Nation ihren Ursprung in Jalisco.

Während der spanischen Eroberung benötigte Hernán Cortés nur ein paar Jahre, von 1519 bis 1521, um die Mexica zu besiegen, während Nuño de Guzmán über 20 Jahre brauchte, um die verschiedenen ethnischen Gruppen in Jalisco und im südöstlichen Zacatecas einzunehmen.

Während des Unabhängigkeitskrieges Mitte des 19. Jahrhunderts fand Pater Hidalgo Zuflucht in Guadalajara, wo er zwei sehr bedeutende und widersprüchliche Dinge tat: Er ließ einerseits zu, dass furchtbare Gräueltaten verübt wurden, und schuf andererseits die Sklaverei ab.[29]

Oben: Die Figur von Pater Miguel Hidalgo auf einem Wandgemälde von José Clemente Orozco, Regierungspalast, Guadalajara, Jalisco.

Oben: *Luis Aguilar und Jorge Negrete tauschen Lieder und Gähner in dem Film* Tal para Cual *von 1952.*

Bei der Intervention der Franzosen unter Napoleon III. wurden die Länder von Jalisco in Blut gebadet. Das ist keine Übertreibung. Die Menschen in Jalisco, Krieger schon vor der Zeit der spanischen Eroberung, gönnten den Invasoren oder den Verrätern, die sie unterstützten, keine Minute Frieden. Den Einwohnern von Tequila gelang es, den berühmten Geächteten *El Tigre de Alica* zu fangen, der sich Coronel Dupin auf seinem blutigen Feldzug des Gegenaufstands gegen die mexikanischen Guerrillas angeschlossen hatte.

Aber die Geschichte von Jalisco war nicht immer ruhmreich. In diesem Staat wurde Victoriano Huerta geboren, der Mörder des Präsidenten Francisco Madero. Ebenfalls hier fand zum Großteil die Cristero-Rebellion der 1920er Jahre statt. Jalisco war damals als Land der Killer berüchtigt.

Drei Zutaten: Radio, Kino und Fernsehen •

Anfang des 20. Jahrhunders tranken die Mexikaner nur ungefähr 600000 Liter Tequila im Jahr, davon am meisten in Guadalajara und Mexico City. Die Massenwerbung hatte die Landesbevölkerung noch nicht erreicht, doch mit der Verbreitung von Filmen und Radio veränderten sich die Dinge.

In den 1940er Jahren beschäftigte sich eine Sparte der nationalen Filmindustrie mit Mexikos Volkstraditionen. Diese Regisseure und Drehbuchautoren gaben sich die größte Mühe, dass die alten Traditionen auf authentische Weise filmisch umgesetzt wurden. Doch anderen gelang dies nicht: Sie filmten Cowboys aus Guadalajara in Jalisco oder Maultiertreiber aus Sayula in Morelos! Manche Filme wurden in den schönen Städten Jaliscos gedreht und verbanden Geschichten, die wirklich geschehen waren, mit Orten, die eher wie Querétaro aussahen. Viele Filme wurden gemacht, die irgendwo in Mexiko hätten stattfinden können, mit einer typischen Mischung aus Kolonialgebäuden, kleinen Ziegelhäusern, von Magueys und Kakteen umrundeten Städten, Ranchern mit enormen Strohhüten und Reitern mit Silbersporen.

Diese Filme wurden vor allem deswegen gemacht, um den Stars einen Grund zum Singen

Oben: Brief von dem berühmten Filmstar John Wayne an seinen Freund Francisco Javier Sauza.

zu geben. Die Songs kamen aus dem ganzen Land.

Es gab *huapangos* aus Tamaulipas, *corridos* aus Nuevo León, oder *sones* aus Jalisco. Sie wurden für bestimmte Sänger komponiert und auf deren Stil und die Filmszenen zugeschnitten. Ein Lied für Jorge Negrete, der Opernsänger war, bevor er Charro-Cowboy wurde, unterschied sich stark von einem Lied, das für Pedro Infante komponiert war.

In dieser cineastischen Schule wurde Tequila zu einer Art Ikone erhoben, die man nach ganz Mexiko und in die ganze Welt tragen wollte. Der Rancher, *Charro*-Cowboy, Schläger, Trinker, Spieler, Revolverheld und Casanova – alle hatten immer eine Flasche Tequila bei der Hand. Darin lag, zugegeben, ein Körnchen Wahrheit.

Auch die Radioindustrie spielte eine Rolle. Ein großer Tequilahersteller plante eine Werbekampagne, die den Tequila als Teil der Nationaltradition und als gutes, gesundes Getränk darstellte. Man entwarf verschiedene Strategien. Eine davon war eine Radioproduktion mit dem Namen »Noches Tapatías«, eine Musiksendung, die so erfolgreich war, dass sie über 25 Jahre lang ausgestrahlt wurde.

Ein echter Cowboy reitet durch die Agavenplantagen am Stadtrand von Tequila.

141

Portrait von José Alfredo Jiménez,
gemalt von Emiliano Gironella.

>>Ich wollte vergessen,

wie alle in Jalisco es machen,

aber diese Mariachis und der Tequila

brachten mich nur zum Weinen.<<

»Ella«, von José Alfredo Jiménez

Die Pflanze blüht weiter • Jorge Negrete und Pedro Infante starben, aber ihre Nachfolger machten weiter Filme und sangen im Radio. »Mariachi Vargas« aus Tecalitlán gab ein Beispiel für die vielen alltäglichen Widersprüchlichkeiten, als sein Mariachikostüm geändert wurde, damit es wie ein *Charro*-Cowboykostüm aussah, weil das in der Beleuchtung besser wirkte.[30] Zu den Komponisten, die dem bereits beschrittenen Pfad folgten, gehörten Ernesto Cortázar, Manuel Esperón, Cuco Sánchez, Tomás Méndez, Pepe Guizar und viele andere. José Alfredo Jiménez spielte eine besondere Rolle: Er schrieb tief empfundene Lieder, in denen es neben Tequila auch darum ging, dass man trank, um seinen Kummer zu ertränken, sich an eine vergessene Liebe zu erinnern, den Tod herauszufordern oder einfach zu vergessen. Eine andere berühmte Sängerin war Lola Beltrán, auch bekannt als »Lola La Grande«. Als Schauspieler waren sie und José Alfredo Jiménez, ihr Liebespartner in vielen Filmen, bestenfalls mittelmäßig. Doch Lola hatte eine wundervolle Stimme, und obwohl José Alfredo streng genommen kein Sänger war, hatte er einen gefühlvollen Stil, der das Publikum rührte.

Auch die Brüder Soler gaben ein kurzes Gastspiel in diesem Medium, verschwanden dann aber einer nach dem anderen. Von ihnen hinterließ Don Andrés Soler wohl den größten Eindruck. Er spielte in Filmen mit, wo jeder Tequila trank, auf Pferden oder in Sportwägen, mit Brünetten in den Bergen oder mit schönen Blonden in Luxusvillen am Chapala-See.

Kunst • Viele Wandmalereien, Gemälde und Skulpturen wurden angefertigt, in denen Tequila erscheint, obwohl diese meist das Werk von Tequilaherstellern waren, die das Ansehen und die Bekanntheit ihrer Marken steigern wollten.

In den großen Brennereien um Tequila findet man interessante Wandmalereien. Diese Werke porträtieren die alten Mythen aus der Zeit der mexikanischen Ureinwohner.

>>Der Mensch denkt, Gott lenkt... der Teufel kommt und zersetzt.<<

Auch alte Haciendas werden abgebildet, die damaligen Brennereien, Porträts der Besitzer oder Szenen von Indianern und mestizos, die auf den Feldern arbeiten. Es gibt auch Skulpturen von wichtigen Persönlichkeiten der Welt des Tequilas, Männern wie Don Cenobio Sauza und Don José Cuervo. In den großen Sammlungen alter Tequilaetiketten von *Sauza* und *Cuervo*

Typische Szene des traditionellen mexikanischen Lebens mit dem klassischen Getränk auf einem Werbeposter von José Cuervo.

findet man einige faszinierende Kunstwerke. Diese sind Resultat des Wettbewerbs zwischen den Tequilaherstellern, die damals kein anderes Mittel hatten, als über schöne und auffällige Etiketten auf sich aufmerksam zu machen.

Manchmale waren diese naiv, oftmals aber auch einfach brillant. Tequila inspirierte das künstlerische Talent weit über den bloßen Zweck der Werbung hinaus.

Nach den Etiketten kamen die so genannten Kalender, die eigentlich Poster sind. Die Originale waren Ölgemälde auf Leinwand, die dann massenweise reproduziert wurden. Sie zeigen Szenen rund um den Tequila: Hahnenkämpfe, das Zureiten eines Pferdes, einen jungen Mann, der einer Dame Blumen schenkt, und die unvermeidlichen Szenen mit *Charro*-Cowboys. Auf all diesen Postern erscheint eine schöne Frau, züchtig, aber mit tiefem Dekolletee in traditionellen mexikanischen Kleidern – meistens in der Tracht von Jalisco. Die »Tequilafrau« sah keusch und schüchtern aus, wie es sich für eine Frau in den 1940ern und 1950ern gehörte. Die Männer waren immer elegant und robust. Auf diesen Postern haben alle Leute eine weiße Haut. Man muss wohl nicht dazusagen, dass immer irgendwo eine Flasche Tequila auf dem Bild ist.

Die Kehrseite der Medaille:
ein allegorischer Festwagen
in der Parade am 1. Mai, Arandas,
Jalisco.

145

Tequila mit allem • Wenn ein mexikanischer Mann einer Frau ein Ständchen bringt, die er liebt oder die nicht Ja sagen wird oder die sich ihm sogar völlig hingegeben hat, ist es undenkbar, dass er es ohne Tequila tut. Tequila bewahrt ihn davor, dass er falsch singt oder sich eine Erkältung holt. Er tröstet ihn auch, wenn die Frau doch nicht ans Fenster kommt oder wenn er Rache nehmen will: »*Er mag kämpfende Hähne / er mag Tequila / doch was er am liebsten mag / ist Herzen zu brechen.*«

In vielen Teilen Mexikos nennt man bewölkte, kühle Nachmittage *tequileras*. Wenn ein Nachmittag *tequilera* ist, bleibt man mit Freunden oder einem guten Buch zu Hause, mit einer Gitarre in Reichweite. Das ist der ideale Moment für einen milden *Añejo* und eine Havannazigarre.

>>*Früher fürchtete ich den Tequila, doch jetzt trinke ich nichts anderes mehr, in jedem Glas sehe ich Kummer, in jedem Kummer sehe ich einen Wunsch.*<<

Man kann diese Nachmittage auch in einer Cantina verbringen, mit den Jugendfreunden Tequila trinken und sich an die guten alten Zeiten erinnern, während man die Yucatecan-Lieder von Guty Cárdenas oder Ricardo Palmerín hört. Vielleicht geht man auch in eine In-Bar im alten Stadtviertel San Angel in Mexico City und genießt ein Glas *Real* oder *Selección Suprema* oder einen *D'Antaño*, während jemand Klavier spielt.

¡Hi ja jai! Wie Tequila sind Mariachis unermüdliche Reisende aus Jalisco, die auf der ganzen Welt bekannt wurden.

146

>>Trunken von Tequila, trage ich Trunkenheit in meiner Seele, denn ich will sehen, ob ich diese grausame Melancholie heilen kann.<<

Im Monat September, wenn das ganze Land – Häuser, Autos, Läden, sogar die Speisen – in den Farben Rot, Weiß und Grün herausgeputzt ist,[31] macht Tequila die Runde. Am 15. September, während der Feier des *El Grito* (der »Schrei der Unabhängigkeit«), singt ganz Mexiko. In Zacatecas wird der Marsch von Genaro Godina gesungen, in Oaxaca singt man Sandunga; in Veracruz gibt es den Colás, und in Guanajuato singt man die Lieder von José Alfredo Jiménez.

Alle gastronomische Kombinationen sind möglich: *Carnitas* aus Michoacan findet man in Tabasco; *Papadzules* aus Yucatecan in Coahuila; *Chiloria* aus Sinaloan in Chiapas; grüne *Pozole* aus Guerrero in Baja California; *Hidalgo*-Suppe mit Nüssen und *Chili* aus Chipotle in Campeche; *Mole* aus Puebla in Chihuahua; Huhn in Mangosauce aus Nayarit in Querétaro; marinierte Austern aus Tamaulipas in Tlaxcala ... die Liste könnte ewig fortgeführt werden. In diesen wenigen Tagen gibt es keine Grenzen mehr, und obwohl erst September ist, feiert der Tequila Weihnachten.

Es gibt nichts besseres als Tequila, um eine verlorene Liebe zu beklagen: *»Ich wollte vergessen, wie alle in Jalisco es machen, aber diese Mariachis und der Tequila brachten mich nur zum Weinen.«*

»Ella«, von José Alfredo Jiménez

Ein folkloristisches Wandgemälde schmückt eine Straße in Arenal, Jalisco.

Und für den Verrat:

»Wer kennt in seinem Leben nicht
das Gefühl des Verrats,
das auf eine traurige Liebesgeschichte folgt?
Wer geht dann nicht in eine Bar
und verlangt einen Tequila und ein Lied?«

»Tu recuerdo y yo,« von José Alfredo Jiménez

Und für romantische Abenteuer zwei Tequilas, bitte:

»Sie sagte zu mir: ›Bieg um diese Ecke, wir gehen zu mir;
nach ein paar Tequilas werden wir sehen, was passiert.‹«

»Historia del taxi«, von Ricardo Arjona

Oder für einen Besucher in einer neuen Umgebung:

»Männer betrinken sich mit ›cucarachas‹.
Da ist Feuer in den Augen mancher Frauen…
Señorita, bring eine Flasche Tequila, es ist so heiß!
Dieses Leben ist so friedlich,
dass ich mich dir zu Ehren betrinken muss.«

»Mexico«, von David Summers

Für die mexikanische Jugend ist Rapmusik ein feierliches Requiem, das komponiert wurde, um den Geschmacklosigkeiten des Lebens ein Ende zu machen … aber nicht dem Tequila:

»Wir gingen früh los
und trafen meinen Bruder Ramón.
Er gab mir sein Bier
und rief: ›Was für eine tolle Party!‹
Dort trafen wir ein paar Mädchen,
und wir sagten ihnen, sie sollten
sich in der Reihe aufstellen
und uns Tequila einschenken.

»Más vale cholo, rap o hip-hop«, von Molotov

Für die neuen Generationen schließlich, die über Tequila singen, auch wenn sie ihn gar nicht trinken, schließen wir das Kapitel mit Thalia ab, einem der größten Fernsehstars Mexikos:

»Liebe auf mexikanisch ist cumbia, huapango und son,
ein Pferd, Stiefel und ein großer Hut, Tequila, Tabak
und Rum. Liebe auf mexikanisch ist der heiße Rhythmus
unter der Sonne, schön und langsam, bis irgendein
Macho mein Herz bricht.«

»Amor a la mexicana«, von Mario Pupparo

Die Welt des Tequila ist voller Widersprüche. Es ist zwar richtig, dass die Werbung falsche Bilder geschaffen hat, aber diese Bilder wurden dadurch wieder wahr, dass die Leute daran glauben wollten. Es stimmt auch, dass Tequila ein Drink für Tagelöhner, Hafenarbeiter, Maurer und Outcasts ist, aber er ist genauso ein Drink für die Elite. Seine Abfälle verschmutzen Flüsse, doch dieselben Abfälle sind gut für den Boden.

Es ist wahr, dass Tequila geschaffen wurde, um Mexikaner betrunken zu machen und die drei Dämonen in ihnen freizulassen – den Indianer, den Spanier und den *mestizo* – damit sie Schwert, Machete oder Messer aufblitzen lassen und einander zerreißen, ohne dass der Atem ihre Körper verlässt. Es ist aber auch der Tequila, mit oder ohne Mariachis, der dazu beigetragen hat, die drei anderen Geister zu befreien – Quetzalcoatl, Jesus Christus und die Jungfrau von Guadalupe – Geister, die dieselben Mexikaner dazu gebracht haben, Kathedralen, Flughäfen, Städte und Wasserwerke zu bauen, oder Symphonien, Gedichte, *huapangos* und all die anderen Schätze der mexikanischen Nation hervorzubringen.

>>Ich sitze in der Ecke einer Cantina

und höre das Lied, um das ich gebeten hatte.

Jetzt bringen sie mir meinen Tequila

und meine Gedanken finden den Weg zu dir.<<

Gegenüber:
Die Bar Antonio mir ihrer Auswahl
von über 500 Marken ist ein
heiliger Ort für Tequilaliebhaber
in Mexico City.

Salud! Tequila-Bewertung,
die besten Bars, Cocktails und Gerichte

Wenn sie zur wachsenden Gruppe der gut informierten Tequila-trinker gehören wollen, können Ihnen die folgenden Tipps vielleicht helfen, den größten Genuss mit den, wie wir hoffen, geringsten Peinlichkeiten zu erzielen. Wir sagen »geringste Peinlichkeiten«, denn die Tequila-*Aficionados* sind ein wilder Haufen, und Ihre Lieblingsmarke könnte für

einen anderen wie Batteriesäure schmecken. Auf den folgenden Seiten finden Sie eine professionelle Einschätzung von über 100 Topmarken, die aus Mexiko exportiert werden. Ausgewählt wurden sie für uns von der *Sociedad Mexicana de Tequiliers* (SMT; die Mexikanische Tequilagesellschaft), einer Gruppe, die sich 1993 bildete und ihren Hauptsitz in Cancun hat. Da jeder authentische Tequila aus Mexiko kommt, glauben wir, dass die SMT die zuverlässigste Quelle ist, die man finden kann. Die Marken werden mit einem bis fünf Sternen beurteilt, wobei nur fünf Marken den Tequila-Himmel erreichen. Wir nennen sie gleich und zwar sicherheitshalber in alphabetischer

Reihenfolge: José Cuervos »Reserva de la Familia«, Herraduras »Selección Suprema«, 7 Leguas' »Patrón«, Tapatíos »Paradiso« und Tequileñas »Suave Patria Premium«. Alle sind *Añejos*.

Erwarten Sie aber nicht, mit einem Budget von ein paar Mark zum Experten zu werden. Guter Tequila ist nicht mehr billig; dafür hat der weltweite Boom gesorgt. Es gibt allerdings immer noch eine Reihe von guten Zwei-Sterne-Kandidaten, wie unsere Tequila-Bewertung zeigt. Wir haben auch ein paar Marken mit einem Stern aufgenommen, einfach weil sie sehr erfolgreich sind. Es wäre daher unfair, sie auszulassen. Jeder Tequila, der in dieser Liste erscheint, ist unserer Ansicht nach »akzeptabel«. Die meisten sind in Mexiko erhältlich (wenn auch schwer zu finden), aber man kann fast alle in Deutschland kaufen. Es gibt auf der ganzen Welt Hunderte von Tequilaetiketten, die noch nie mexikanisches Tageslicht erblickt haben. Die meisten davon sind Exportnamen für absolut authentische mexikanische Produkte, einige sind jedoch Betrügerware.

Tequila – Fakten und Zahlen

Wo aber findet man die besten Tequilas? Wir haben einige größere Städte ausgesucht und ein paar Bars und Restaurants aufgelistet, die Tequila zu ihrer Spezialität erhoben haben; sie bieten eine Schwindel erregende Auswahl, Super Premiums, Fantasie-Margaritas und – besonders wichtig – haben jemanden hinter der Bar stehen, der sich damit auskennt. Dutzende, oft Hunderte von Marken, aus denen Sie wählen können, und alles zwischen 3,50 US-Dollar für ein Schnapsglas und 29,50 US-Dollar für einen Cognacschwenker.

Viele Bars und Städte wurden aus Platzgründen ausgelassen, aber Sie können uns Ihre Favoriten gerne mitteilen oder uns eine Standpauke halten, wenn Sie mit unserer Bewertung oder der Auswahl der Bars nicht einverstanden sind. Sagen Sie uns warum, und schicken Sie uns eine E-mail (revi@internet.com.mx). Urteilen Sie selbst über unsere Bewertung, genießen Sie unsere Tequilabars, testen Sie unsere Cocktailrezepte und die überraschenden Gerichte mit Tequila, die Sie am Ende dieses Kapitels finden. Aber setzen Sie sich mit unserer Auswahl nicht allzu sehr unter Druck. Die Magie des Tequilas, wie die Magie des Weines, liegt in Geist, Körper und Seele des Betrachters – nämlich in Ihnen. Salud!

Die Zahlen von 2000 des »Rats für die Regulierung von Tequila« (CRT) in Mexiko zeigen, wie gut der US-amerikanische Markt durchdrungen wurde. Sie zeigen aber auch, dass auf den anderen Kontinenten noch einiges an Arbeit wartet. Von den ungefähr 87000000 Litern, die jährlich exportiert werden, gehen 82 Prozent in die USA, 12 Prozent nach Europa, zwei Prozent nach Lateinamerika und vier Prozent in die restliche Welt. Die Top Ten der Länder, gemessen an Litern Tequila, die 1998 importiert wurden, sehen so aus:

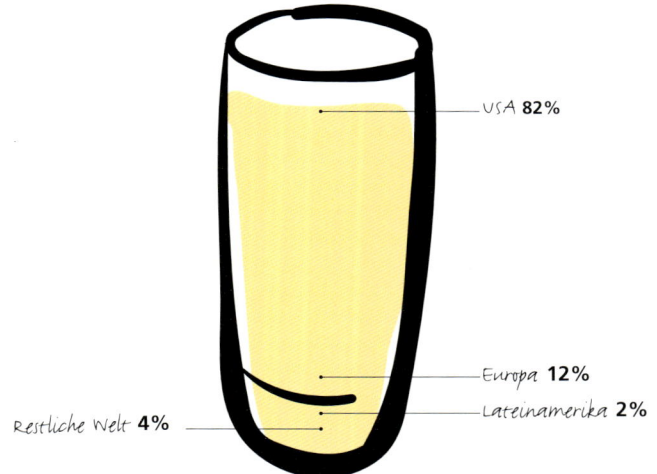

USA 82%
Europa 12%
Lateinamerika 2%
Restliche Welt 4%

USA	79 700 000
Holland	3 800 000
Deutschland	2 600 000
Belgien	1 800 000
Frankreich	1 500 000
Großbritannien	890 000
Kanada	700 000
Chile	650 000
Japan	600 000
Spanien	570 000

Trotz der Tatsache, dass das Segment der Premium Tequilas in der amerikanischen Alkoholgetränkeindustrie am schnellsten wächst, sind die meistverkauften Marken aus dem Bereich der gemischten Tequilas. Von den ungefähr 250 gängigen Marken waren die fünf Meistverkauften bisher immer:

Cuervo Especial	Gold
Sauza	Gold & Weiß
Montezuma	Gold
Pepe López	Gold & Weiß
Sauza Giro	Weiß

All diese Marken werden unabgefüllt importiert und in den USA in Flaschen gefüllt. Sie kosten zwischen sieben und 20 US-Dollar. Solche 51/49 Prozent gemischte Marken machen 90 Prozent des verkauften Tequilas aus. Normalerweise werden sie zum Mixen von Margaritas verwendet, dem beliebtesten Cocktail in den USA. Die restlichen zehn Prozent –die hochwertigen Tequilas aus reinem Agavenmost – schlagen aber mit 25 Prozent des gesamten Umsatzes zu Buche. Der Markt für Premiums und Super Premiums wurde von weißen Mittelständlern in den USA geschaffen und schließlich erweitert. Inzwischen gibt es bei Neiman-Marcus Flaschen von bis zu 1000 US-Dollar. Wie so viele Trends wird auch dieser hauptsächlich in Kalifornien gefördert, obwohl auch Florida, New York und Illinois nun an ihren teuren Marken nippen.

Die Top Five der Premium-Marken, die normalerweise, aber nicht immer, Reposados und *Añejos* aus 100 Prozent Agave sind, sind folgende, erhältlich für einen Preis zwischen 25 und 60 US-Dollar:

Sauza Hornitos	Reposado
Sauza Conmemorativo	Añejo
Patrón	Añejo
Herradura	Reposado & Añejo
Cuervo 1800	Añejo

Die 20 Millionen starke mexikanisch-amerikanische Bevölkerung, ein sehr einflussreicher Faktor auf dem Markt, bevorzugt *Reposados* aus 100 Prozent Agave. Die meisten davon, wie *Cazadores* und *Jimador*, werden in Mexiko gekauft. Anders als gemeinhin angenommen wird, trinken die anderen »Hispanics« in Amerika wie Kubaner und Puerto-Ricaner nicht mehr Tequila als die »non-Hispanics«.

Die Botschaft, die geschickte mexikanische Tequilahersteller der Welt mitzuteilen haben, ist, dass Tequila aus 100 Prozent Agave eines der feinsten Getränke der Welt ist und dass er wegen seiner Subtilität im Geschmack genauso nuanciert und komplex ist wie teure Cognacs und Single-Malt-Whiskeys.

Ratschläge von

Ratschläge von Tequilaexperten • Heute ist Tequila ohne Zweifel auf der ganzen Welt in Mode. Um ihn voll zu genießen, muss man lernen, wie man ihn auswählt, kostet und bewertet.

Nach welchem Tequila Sie fragen müssen • Es gibt vier verschiedene Typen:

joven, blanco, reposado und añejo

Wie Sie einen vom anderen unterscheiden

Tequila joven *(jung)*: Dieser wird auch »Gold« genannt und besteht aus 51 Prozent Agave und 49 Prozent anderen Zuckern. Er altert kürzer als zwei Monate und hat oft eine helle Bernsteinfarbe. Er wird auch *abocado* (mild) genannt. Trinken Sie ihn aus einem *caballito*, einem Glas für Tequila.

Tequila blanco *(weiß)*: Auch »Silber« genannt, wird der *Blanco* gleich nach dem zweifachen Destillationsprozess homogenisiert und abgefüllt. Dieser Typ ist der gewöhnlichste, kann aber von sehr hoher Qualität sein. Wenn er pur getrunken wird, verwendet man ein *caballito*.

Tequila reposado *(ausgeruht)*: Er altert zwischen zwei Monaten und einem Jahr in Fässern aus weißer Eiche oder Kiefernholz. Normalerweise besteht er aus mindestens 80 Prozent Agave. Wenn er pur getrunken wird, verwendet man ein Cordial- oder Sherryglas.

Tequila añejo *(gealtert)*: Üblicherweise 100 Prozent Agave, mindestens ein Jahr lang in kleinen Fässern aus weißer Eiche gealtert. Es gibt *añejos*, die nach drei, vier oder fünf Jahren Lagerung abgefüllt werden. *Añejos* sind die subtilsten und am höchsten verfeinerten der vier Typen, meistens auch die teuersten. Trinken Sie ihn pur aus einem Cognacschwenker.

Wie Sie Tequila nicht trinken sollten

Heute muss man Tequila nicht »auf ex« trinken. Inzwischen ist die Qualität so viel besser geworden, dass selbst die weniger teuren Marken gut schmecken.

einem Tequilier

So wird's gemacht

Jm den Tequila zu finden, der Ihrem Gaumen am meisten zusagt, sollten Sie am besten eine Geschmacksprobe machen. Dabei verwenden Sie einen Cognacschwenker und gehen so vor:

1. Halten Sie das Glas an der Basis, erheben Sie es auf Augenhöhe und studieren Sie die Farbe und den Körper des Getränks, indem Sie auf seine Klarheit achten.

2. Schwenken Sie das Glas ungefähr eine Minute lang vorsichtig nach links und schauen Sie, ob der Tequila am Glasrand eine Kette aus Bläschen bildet. Wenn ja, hat er bereits mindestens einen Stern verdient.

3. Nachdem Sie den Tequila geschwenkt haben, gehen Sie mit der Nase direkt über den Glasrand und atmen tief ein. Suchen Sie nach dem vollen, reichen und erstaunlichen Bouquet – fast eine Überraschung.

4. Nehmen Sie einen kleinen Schluck und lassen Sie ihn für ein paar Sekunden zwischen Lippen und Zungenspitze. Nehmen Sie den ersten Geschmack wahr, bevor Sie herunterschlucken.

5. Wiederholen Sie dies mehrere Male und lassen Sie den Tequila im Mund herumgehen, bevor Sie ihn schlucken. Dadurch können Ihre Geschmacksknospen die Feinheiten genießen und beurteilen, um die sich die Hersteller so lange und hart bemüht haben.

Wie Sie einen Tequila auswählen

Da es so viele verschiedene Marken auf dem Markt gibt, ist es schwer, eine Kennerauswahl zu treffen. Daher folgt nun eine Beschreibung der feinen Unterschiede, welche die Qualitätslevel ausmachen. Die Bewertung der Qualität geht von einem Stern bis zu fünf Sternen (*). Außerdem ist der ungefähre Handelspreis in US-Dollar* für eine 0,75-Liter-Flasche angegeben. In der Bewertung von über 100 aus Mexiko exportierten Top-Marken wird jede Marke mit Typ, Markenname, NOM (der offizielle Identifizierungscode), Hersteller, Durchschnittspreis in den USA für eine 0,75-Liter-Flasche, Durchschnittspreis für 4-6 cl und der Anzahl der von der *Sociedad Mexicana de Tequiliers* vergebenen Sternen aufgelistet.

Tipp: Suchen Sie die Schnäppchen – mit der Rechnung Kosten pro Stern bekommen Sie am meisten für Ihr Geld.

*Anmerkung: Um den ungefähren Wert in Euro zu finden, multiplizieren Sie mit 0,9.

Qualitätslevels

Beschreibung	Kategorie	Preis (in U.S. Dollar)
Standardessenz aus der Tequila-Agave mit gemischtem Agaven- und Zucker-geschmack. Intensives Aroma. Nicht subtil. Aggressives Finish.	★	7,00–15,00
Akzeptabler »Charakter« (dieser Begriff wird verwendet, wenn der Alkohol-dunst einen Duft in die Nase trägt) mit annehmbarem Agavengeschmack und einem Anklang von Holz, Kräutern, Zitrusfrüchten und anderen Fruchtsorten.	★ ★	16,00–30,00
Ausgewogener Charakter, differenzierte Aromen, je nach Hersteller. Deutlicher Agavengeschmack, starke Präsenz von Holz, Wildkräutern und Früchten.	★ ★ ★	31,00–50,00
Sehr weich und angenehm für den Gaumen, mit reinem Geschmack, Holzrauch (Eiche oder Kiefer), Spuren von Wildkräutern, Zitrusfrüchten und Eiche.	★ ★ ★ ★	51,00–65,00
Perfekt ausgewogener, hervorragender Charakter, langes Finish. Enthält all fei-nen Essenzen von Holz, Kräutern, Zitrusfrüchten und anderen Fruchtsorten. Hundert Prozent Agave. Gewöhnlich dunkle Bernsteinfarbe. Fünf Sterne be-kommt meist nur der *Tequila añejo*. Experten sagen, er »trägt einen Frack«	★ ★ ★ ★ ★	66,00–400,00

Anmerkung: Versuchen Sie unbedingt, den Tequila nach dem Geschmack und nicht nach dem Preis zu bewerten. Oft ist ein sehr akzeptabler Tequila zu einem erstaunlich niedrigen Preis erhältlich.

Die blaue Agave ist eine Aloe – eine Heilpflanze aus der Familie der Lilien – und hat von allen Pflanzen die stärkste Konzentration von Fructose (im Gegensatz zu Saccharose). Aus ihr gewinnt man einen der gesündesten alkoholischen Getränke, weil der Energiegehalt vom Körper bereitwilliger absorbiert und umgewandelt wird – gute Nachrichten für alle, die unter einem Kater leiden.

Tequila-Himmel

★ ★ ★ ★ ★

Añejos

NAME	NOM	HERSTELLER	Pro 0,75-Liter-Flasche (wenn nicht anders ausgewiesen)	Pro Portion von 4 bis 6 cl	BEWERTUNG
Herradura Selección Suprema	1119	Tequila Herradura	389,00	29,50	★ ★ ★ ★ ★
Cuervo Reserva de la Familia	1122	Casa Cuervo	75,00	10,50	★ ★ ★ ★ ★
Paradiso: El Tesoro de Don Felipe	1139	Tequila Tapatío	119,00	12,50	★ ★ ★ ★ ★
Suave Patria Premium	1146	Tequileña	65,00	15,00	★ ★ ★ ★ ★
Patrón	1120	Tequila 7 Leguas	53,00	6,50	★ ★ ★ ★ ★
1921 Reserva	1079	Agave Tequilana	83,00	5,00	★ ★ ★ ★
Herradura	1119	Tequila Herradura	59,00	6,50	★ ★ ★ ★
Cuervo 1800	1122	Casa Cuervo	51,00	7,50	★ ★ ★ ★
Gran Centenario	1122	Casa Cuervo	20,00	7,50	★ ★ ★ ★
Chinaco	1127	Tequilera La Gonzaleña	53,00	7,00	★ ★ ★ ★
El Tesoro de Don Felipe	1139	Tequila Tapatío	45,00	6,50	★ ★ ★ ★
Centinela	1140	Tequila Centinela	38,00	6,50	★ ★ ★ ★
Centinela Tres Años	1140	Tequila Centinela	63,00	6,50	★ ★ ★ ★
Suave Patria	1146	Tequileña	31,00	7,50	★ ★ ★ ★
Porfidio	(*)	Destilería Porfidio	60,00	6,00	★ ★ ★
Porfidio Cactus Bottle	(*)	Destilería Porfidio	70,00	8,00	★ ★ ★
Porfidio Single Barrel	(*)	Destilería Porfidio	80,00	15,00	★ ★ ★
Sauza Conmemorativo	1102	Tequila Sauza	28,00	5,00	★ ★ ★
Sauza Tres Generaciones	1102	Tequila Sauza	45,00	6,00	★ ★ ★
Pueblo Viejo	1103	Tequila San Matías de Jalisco	35,00	5,00	★ ★ ★
Centenario	1104	Tequila Cuervo La Rojeña	45,00	6,00	★ ★ ★
El Conquistador	1107	Tequila El Viejito	37,00	5,00	★ ★ ★
El Viejito	1107	Tequila El Viejito	35,00	5,00	★ ★ ★
Arette	1109	Destiladora Azteca de Jalisco	52,00	8,50	★ ★ ★
Alcatraz	1110	Tequila Orendáin de Jalisco	52,00	8,50	★ ★ ★
Don Julio Reserva	1118	Tequila Tres Magueyes	42,00	6,00	★ ★ ★
Lápiz	1146	Tequileña	49,00	6,50	★ ★ ★
Casta	1173	Tequila Newton e Hijos	89,00	11,00	★ ★ ★
Corralejo	1368	Tequilera Corralejo	45,00	6,00	★ ★ ★
Porfidio Blue	(*)	Destilería Porfidio	40,00	6,50	★ ★
Jalisciense	1068	Agroindustrial Guadalajara	30,00	5,00	★ ★
Sauza Conmemorativo (mixto)	1102	Tequila Sauza	20,00	4,50	★ ★
Sauza Tres Generaciones (mixto)	1102	Tequila Sauza	33,00	5,50	★ ★
Sauza Triada	1102	Tequila Sauza	43,00	6,00	★ ★
Reserva del Dueño	1107	Tequila El Viejito	38,00	6,00	★ ★
Real Hacienda	1111	Tequila Viuda de Romero	36,00	6,00	★ ★
Herencia	1124	Tequilas del Señor	36,00	6,00	★ ★
Río de Plata	1124	Tequilas del Señor	35,00	6,50	★ ★

(*) Porfidio-Marken werden von verschiedenen Firmen hergestellt. Auf den Etiketten stehen die entsprechenden NOM-Codes.

Es gibt 78 autorisierte Brennereien in Mexiko, die 607 Marken herstellen. Zusätzlich gibt es ungefähr 167 Marken, die außerhalb Mexikos durch eingetragene Firmen abfüllt werden dürfen, die ihre eigenen Etiketten aufbringen, allerdings unter der Bedingung, dass der NOM-Code des Originalherstellers darauf erscheint.

Reposados

NAME	NOM	HERSTELLER	Pro 0,75-Liter-Flasche (wenn nicht anders ausgewiesen)	Pro Portion von 4 bis 6 cl	BEWERTUNG
Hussong's	1107	Tequila El Viejito	24,00	5,50	★ ★ ★ ★
Don Julio	1118	Tequila Tres Magueyes	40,00	6,50	★ ★ ★ ★
Suave Patria Red Label	1146	Tequileña	21,00	4,00	★ ★ ★ ★
La Cava de Don Agustín Reserva	1131	La Arandina	40,00	6,50	★ ★ ★
Gusano Real	1173	Tequilera Newton e Hijos	65,00	11,50	★ ★ ★
1921 Reserva	1079	Agave Tequilana	45,00	9,50	★ ★ ★
Sauza Galardón	1102	Tequila Sauza	28,00	6,00	★ ★ ★
Sauza Hornitos	1102	Tequila Sauza	26,00	5,00	★ ★ ★
Pueblo Viejo	1103	Tequila San Matías de Jalisco	27,00	4,50	★ ★ ★
San Matías	1103	Tequila San Matías de Jalisco	40,00	4,00	★ ★ ★
Centenario	1104	Tequila Cuervo La Rojeña	40,00	5,50	★ ★ ★
El Conquistador	1107	Tequila El Viejito	36,00	4,50	★ ★ ★
El Viejito	1107	Tequila El Viejito	22,00	4,00	★ ★ ★
Arette	1109	Destiladora Azteca de Jalisco	36,00	6,50	★ ★ ★
Alteño	1111	Tequila Viuda de Romero	35,00	5,00	★ ★ ★
Viuda de Romero	1111	Tequila Viuda de Romero	25,00	4,50	★ ★ ★
Misión Imperial	1115	Tequila La Parreñita	22,00	4,00	★ ★ ★
El Jimador	1119	Tequila Herradura	30,00	5,00	★ ★ ★
Herradura	1119	Tequila Herradura	45,00	5,50	★ ★ ★
Cuervo Tradicional	1122	Casa Cuervo	28,00	4,50	★ ★ ★
Chinaco	1127	Tequilera La Gonzaleña	51,00	6,50	★ ★ ★
Cazadores	1128	Tequila Cazadores	32,00	5,50	★ ★ ★
Tenoch	1137	La Cofradía	40,00	7,00	★ ★ ★
El Tesoro de Don Felipe	1139	Tequila Tapatío	43,00	6,00	★ ★ ★
Centinela	1140	Tequila Centinela	38,00	6,00	★ ★ ★
Lápiz	1146	Tequileña	41,00	7,50	★ ★ ★
Las Trancas	1146	Tequileña	45,00	5,00	★ ★ ★
Corralejo	1368	Tequilera Corralejo	34,00	6,00	★ ★ ★
Tres Mujeres	1258	J. Jesús Partida Meléndrez	18,00	5,50	★ ★
Los Valientes	740	Indust. Desarrollo Sto. Tomás	28,00	6,50	★ ★
Porfidio	(*)	Destilería Porfidio	41,00	7,00	★ ★
Alcatraz	1110	Tequila Orendáin de Jalisco	29,00	5,00	★ ★
Real Hacienda	1111	Tequila Viuda de Romero	29,00	5,00	★ ★
Revolución	1112	Tequila Santa Fe	32,00	5,50	★ ★
Cinco de Mayo	1119	Tequila Herradura	30,00	6,00	★ ★
Gran Centenario	1122	Casa Cuervo	45,00	5,50	★ ★
Herencia	1124	Tequilas del Señor	35,00	6,00	★ ★
Casta Brava (1 liter)	1173	Tequilera Newton e Hijos	26,00	4,50	★ ★
Casta Oro	1173	Tequilera Newton e Hijos	34,00	6,00	★ ★
El Charro	1235	Tequilera Rústica de Arandas	21,00	3,50	★ ★
Sierra Brava (1 liter)	1298	Tequila Sierra Brava	30,00	5,00	★ ★
Los Arango	1368	Tequilera Corralejo	40,00	7,00	★ ★
Casa Noble	1137	La Cofradía	50,00	9,00	★ ★
Casa Noble Crystal	1137	La Cofradía	43,00	7,50	★ ★

(*) Porfidio-Marken werden von verschiedenen Firmen hergestellt. Auf den Etiketten stehen die entsprechenden NOM-Codes.

silber oder Weiß

NAME	NOM	HERSTELLER	Pro 0,75-Liter-Flasche (wenn nicht anders ausgewiesen	Pro Portion von 4 bis 6 cl	BEWERTUNG
Herradura	1119	Tequila Herradura	35,00	4,50	★ ★ ★ ★
El Tesoro de Don Felipe	1139	Tequila Tapatío	41,00	5,50	★ ★ ★ ★
Porfidio	(*)	Destilería Porfidio	60,00	6,00	★ ★ ★
Porfidio Cactus Bottle	(*)	Destilería Porfidio	60,00	10,00	★ ★ ★
Porfidio Triple Distilled	(*)	Destilería Porfidio	55,00	9,00	★ ★ ★
1921	1079	Agave Tequilana	74,00	4,50	★ ★ ★
1921 Reserva Especial	1079	Agave Tequilana	49,00	8,50	★ ★ ★
1921 Single Barrel	1079	Agave Tequilana	45,00	7,50	★ ★ ★
Centenario	1104	Tequila Cuervo La Rojeña	33,00	5,00	★ ★ ★
Distinqt Platinum	1107	Tequila El Viejito	49,00	8,50	★ ★ ★
El Viejito	1107	Tequila El Viejito	45,00	7,50	★ ★ ★
Pepe López	1110	Tequila Orendáin de Jalisco	9,00	3,50	★ ★ ★
Don Julio	1118	Tequila Tres Magueyes	38,00	5,50	★ ★ ★
Patrón	1120	Tequila 7 Leguas	47,00	6,00	★ ★ ★
Porfidio Blue	(*)	Destilería Porfidio	39,00	6,50	★ ★
Porfidio Single Barrel	(*)	Destilería Porfidio	59,00	10,00	★ ★
Sauza	1102	Tequila Sauza	11,00	4,00	★ ★
Pueblo Viejo	1103	Tequila San Matías de Jalisco	23,00	4,00	★ ★
San Matías	1103	Tequila San Matías de Jalisco	21,00	3,50	★ ★
El Conquistador	1107	Tequila El Viejito	29,00	4,00	★ ★
Reserva del Dueño	1107	Tequila El Viejito	33,00	5,50	★ ★
Arette	1109	Destiladora Azteca de Jalisco	29,00	5,00	★ ★
Alcatraz	1110	Tequila Orendáin de Jalisco	29,00	5,00	★ ★
Cinco de Mayo	1119	Tequila Herradura	22,00	6,00	★ ★
El Jimador	1119	Tequila Herradura	22,00	4,00	★ ★
Dos Reales	1122	Casa Cuervo	20,00	5,00	★ ★
Gran Centenario	1122	Casa Cuervo	38,00	5,50	★ ★
Herencia	1124	Tequilas del Señor	35,00	6,00	★ ★
Chinaco	1127	Tequilera La Gonzaleña	49,00	6,00	★ ★
Centinela	1140	Tequila Centinela	47,00	5,50	★ ★
Montezuma	1143	Destiladora González González	8,00	3,50	★ ★
Lápiz Platinum	1146	Tequileña	39,00	5,50	★ ★
Sauza Giro (1 liter)	1102	Tequila Sauza	7,00	4,00	★
Cuervo	1122	Casa Cuervo	11,00	3,50	★

(*) Porfidio-Marken werden von verschiedenen Firmen hergestellt. Auf den Etiketten stehen die entsprechenden NOM-Codes.

Gold

NAME	NOM	HERSTELLER	Pro 0,75-Liter-Flasche (wenn nicht anders ausgewiesen	Pro Portion von 4 bis 6 cl	BEWERTUNG
Pepe López	1110	Tequila Orendáin de Jalisco	10,00	3,50	★ ★ ★
Viuda de Romero	1111	Tequila Viuda de Romero	20,00	4,00	★ ★ ★
Herradura	1119	Tequila Herradura	36,00	5,00	★ ★ ★
Patrón	1120	Tequila 7 Leguas	55,00	8,50	★ ★ ★
Cuervo 1800 (mixto)	1122	Casa Cuervo	34,00	5,00	★ ★ ★
Lápiz	1146	Tequileña	50,00	8,00	★ ★ ★
Sauza Extra	1102	Tequila Sauza	10,00	3,50	★ ★
El Toro	1110	Tequila Orendáin de Jalisco	8,00	3,50	★ ★
Matador (1 liter)	1122	Casa Cuervo	10,00	3,50	★ ★
El Grito	1137/1142	La Cofradía or La Madrileña	21,00	4,50	★ ★
Two Fingers	1142	La Madrileña	15,00	4,00	★ ★
Montezuma	1143	Destiladora González González	8,00	3,50	★ ★
Sauza	1102	Tequila Sauza	14,00	4,00	★
Sauza Giro (1 liter)	1102	Tequila Sauza	7,00	4,00	★
Cuervo Especial (1 liter)	1122	Casa Cuervo	15,00	4,50	★
Cuervo Gold	1122	Casa Cuervo	14,00	4,00	★

Sauza ist der zweitgrößte Tequilahersteller. Diese Firma war in verschiedener Hinsicht verantwortlich für die große Modernisierung der Industrie nach dem Zweiten Weltkrieg. Obwohl ihre Produkte noch nicht zu den Super Premiums gehören, war ihre Qualität immer gleich bleibend gut. Nach Meinung einiger amerikanischer Experten ist der Sauza Hornitos der beste von allen Reposados aus 100 Prozent Agave, denn er schmeckt pur hervorragend und ist die beste Wahl für eine Margarita

෧෧

Tequila Cuervo ist bei weitem die größte (bis zu 73 Millionen Liter im Jahr) und älteste (über 200 Jahre) Brennerei. Ihre Marke Cuervo Gold (in verschiedenen Ausführungen) ist der beliebteste Tequila auf der ganzen Welt, obwohl er nicht aus 100 Prozent Agave besteht.

Den schuss hört man auf der ganzen Welt

Tequila erlebt einen Boom. Hunderte von Tequilabars eröffnen jedes Jahr, von Stellenbosch nach Bassersdorf, von Singapur nach Moskau. Obwohl die USA immer noch das Paradies der »T«-Trinker sind, finden Sie in den folgenden Listen jede Menge Bars in Deutschland, Österreich und der Schweiz.

Die Städte in den einzelnen Ländern sind hier in alphabetischer Reihenfolge aufgelistet, und dann finden Sie den Namen und die Adressen einiger Bars und Restaurants, die unsere unermüdlichen Tequilaforscher entdeckt haben. Alle bieten eine außergewöhnliche Auswahl an Marken an, die meisten haben eine Vielfalt von Margaritas im Programm, die jede Fantasie übertrifft, und jedes der Lokale ist auf die neuen, köstlichen und teuren (dem Preis aber durchaus entsprechenden) Super Premiums spezialisiert. Viele veranstalten Abende mit Mariachi-Musik und bieten ein fantasievolles mexikanisches Ambiente.

Sie sollten vorher anrufen und fragen, was an welchem Abend los ist und, wenn nötig, reservieren.

LAND	STADT	NAME	ADRESSE
DEUTSCHLAND	Aachen	Mexi & Co.	Gerlachstr. 22, 52064 Aachen
	Berlin	Marmotte	Wundtstr. 10, 14057 Berlin
		Tascaria Maredo	Kurfürstendamm 35, 10719 Berlin
		Las Cascadas	Feuerbachstr. 31, 12163 Berlin
		Margarita	Skalitzer Str. 73, 10997 Berlin
		Siesta	Vorbergstr. 11, 10823 Berlin
	Bochum	Barrio Brothers	Viktoriastr. 66–70, 44787 Bochum
		Garcia's	Massenbergstr. 14–16, 44787 Bochum
	Bremen	Mexcal II	Katharinenstr. 14, 28195 Bremen
		Bolero	Schwachhauser Heerstr. 17, 28203 Bremen
		Poco Loco	Gastfeldstr. 24a, 28201 Bremen
		La Hacienda	Martinistr. 72, 28195 Bremen
		Enchilada	Schlachte 26, 28195 Bremen
		Mexcal I	Martinist. 61, 28195 Bremen
	Dortmund	Cuervo Negro	Hansastr. 101, 44137 Dortmund
	Düsseldorf	Pssst! Bandido	Adersstr. 46, 40215 Düsseldorf
		Cantina Mexicana	Ellerstr. 57, 40227 Düsseldorf
	Erfurt	Texas	Neuwerkstr. 37, 99084 Erfurt
		Hacienda Mexicana	Karlstr. 20, 99089 Erfurt
	Essen	El Sombrero	Holsterhauser Str. 69, 45147 Essen
	Frankfurt	Caribe	Frankensteiner Str. 1, 60594 Frankfurt
		Tumbleweed	Mainzer Landstr. 73, 60325 Frankfurt
		South American	Schwarzwaldstr. 79, 60528 Frankfurt
		Rodeo	Eschersheimer Landstr. 158, 60322 Frankfurt
		El Gusanito	Eschersheimer Landstr. 18, 60318 Frankfurt
		Joe Pena's	Robert-Mayer-Str. 18, 60486 Frankfurt
		Salseros	Rohrbachstr. 41, 60389 Frankfurt
		El Pacifico	Sandweg 79, 60318 Frankfurt
		Tequila	Weißadlergasse 5, 60311 Frankfurt
	Hamburg	Pancho's	Max-Brauer-Allee 118, 22765 Hamburg
		Tacos y Tapas	Thadenstr. 49, 22767 Hamburg
		Yosoy	Eppendorfer Weg 280, 20251 Hamburg
		Mexcal	Robert-Koch-Str. 36, 20249 Hamburg
		Dos Amigos	Großneumarkt 54, 20459 Hamburg

LAND	STADT	NAME	ADRESSE
DEUTSCHLAND	**Hamburg**	Bolero	Rothenbaumchaussee 78, 20148 Hamburg
		Sam Breritos	Curschmannstr. 9, 20251 Hamburg
		Pasadena	Kirchenallee 19, 20099 Hamburg
		El Tequito	St. Pauli Fischmarkt 3, 20359 Hamburg
		Hazienda Mexicana	Stellinger Weg 47, 20255 Hamburg
		Paradies	Osterbekstr. 69, 22083 Hamburg
	Hanau	Restaurant & Hotel Grahn	Landwehr 1, 63450 Hanau
	Hannover	Fischers	Limmerstr. 49, 30451 Hannover
		Mexcal in der Rosenburg	Königsworther Str. 27, 30167 Hannover
		Bolero	Nikolaistr. 3, 30159 Hannover
	Heidelberg	Gringos	Carl-Bosch-Str. 10, 69115 Heidelberg
	Hildesheim	Hispano Mex	Bahnhofsallee 35, 31134 Hildesheim
	Köln	Café Especial	Neuhöffer Str. 32, 50679 Köln
		El Gato	Engelbertstr. 31a, 50674 Köln
		El Inca	Görrestr. 2, 50674 Köln
		Gonzales & Gonzales	Aachener Str. 52, 50674 Köln
		Taco Loco	Zülpicher Platz 4a, 50674 Köln
		Tacos	Hahnenstr. 37, 50667 Köln
		Taquerina Especial	Merowingerstr. 43, 50677 Köln
		Pepe	Antwerpener Str. 63, 50672 Köln
		Juanita's Cantina	Hans-Böckler-Platz 9, 50672 Köln
	Leipzig	Tabasco	Nürnberger Str. 11, 04103 Leipzig
	Mannheim	Cantina mexicana	Alphornstr. 17, 68169 Mannheim
		Hacienda Mexicana	N3, 68161 Mannheim
	München	Palenque	Widenmayerstr. 52, 80538 München
		Sausalitos	Türkenstr. 50, 80799 München
		Mamasita	Schumannstr. 9, 81679 München
		Tacos y Tequila	Herzogstr. 93, 80796 München
		Joe Pena's	Buttermelcherstr. 2a, 80469 München
		Enchilada	Gabelsberger Str. 97, 80333 München
		Tijuana Café	Leopoldstr. 13, 80802 München
		Pappasito's	Schraudolphstr. 44, 80799 München
		Zapata	Schulstr. 44, 80634 München

LAND	STADT	NAME	ADRESSE
DEUTSCHLAND	München	Escobar	Breisacher Str. 19, 81667 München
	Nürnberg	Enchilada	Obstmarkt 10, 90403 Nürnberg
	Oberhausen	Yucatan	Langemarktstr. 14, 46045 Oberhausen
	Offenbach	Cabaña	Domstr. 39, 63067 Offenbach
	Rostock	Salsalitos Am Leuchtturm	Am Leuchtturm 9, 18119 Rostock
	Stuttgart	Cantina	Schellingstr. 7, 70174 Stuttgart
		Hacienda	Tübinger Str. 8, 70178 Stuttgart
		La Margarita	Calwer Str. 46, 70173 Stuttgart
		Enchilada	Eberhardstr. 69–71, 70173 Stuttgart
		El Chico	Bolzstr. 10, 70173 Stuttgart
	Tübingen	Japengo	Schaffhauser Str. 113, 72072 Tübingen
	Wiesbaden	Cucina Mexican	Langgasse 36, 65183 Wiesbaden
		Cantina Imperial	Sonneberger Str. 14, 65193 Wiesbaden
ÖSTERREICH	Innsbruck	Chili's	Bozner Platz 6, 6020 Innsbruck
	Linz	Los Caballeros	Landstr. 32, 4020 Linz
		Steak's Bar	Untere Donaulände 12, 4020 Linz
	Wien	Maria's Cantinas	Schubertgasse 13, 1090 Wien
		Los Tequilas	Kirchengasse 35, 1070 Wien
		Buffalo Bill's	Lerchenfelder Str. 45, 1070 Wien
		Pancho	Blumauergasse 1a, 1020 Wien
		Margaritaville	Bartensteingasse 3, 1010 Wien
SCHWEIZ	Basel	Tapadera im Krug	Innere Margarethenstr. 28, 4051 Basel
		Papa Joe's Restaurant	Steinenberg 14, 4051 Basel
	Bern	Mex	Kasernenstr. 31, 3013 Bern
	Flumserberg	Mexiko Restaurant	8898 Flumserberg Tannenbodenalp
	Interlaken	El Azteca	Jungfraustr. 30, 3800 Interlaken
	Lausanne	Manana-Cactus-Bar	Place Pépinet 1, 1003 Lausanne
	Luzern	Restaurant Cucaracha	Pilatusstr. 15, 6003 Luzern
	Montreux	Don Chico	Rue du Temple 2, 1820 Montreux
	St. Gallen	Tres amigos	Hechtgasse 1, 9004 St. Gallen
	Zuchwil	La Cucaracha	Hauptstr. 81, 4528 Zuchwil
	Zürich	Gitano Mexicano	Schmidgasse 3, 8001 Zürich
		Tres Kilos	Dofourstr. 175, 8008 Zürich

Tequila-Cocktails

Tequila-Cocktails sind natürlich nichts Neues in der Landschaft der Mixgetränke, und wir drucken hier einige der alten Favoriten ab. Dennoch haben wir auch ein paar Überraschungen für Sie.

Auch wenn wir empfehlen, die angegebenen Mengen und die empfohlene Mischung zu beachten, sollten Sie nicht zögern, mit ein paar Spritzern Fantasie dem Getränk eine persönliche Note zu verleihen. Um das beste Ergebnis zu erzielen, verwenden Sie stets Qualitätsmarken. Denken Sie dabei daran, dass der Geschmack und nicht der Preis den Ausschlag für jeden Drink gibt.

Der Margarita-Cocktail

Die Margarita ist bei weitem der beliebteste Cocktail in den USA. Seine Erfindung verdanken wir einem Barkeeper, Francisco »Pancho« Morales. In seinem Nachruf, der vom Tequila-Ministerium[32] veröffentlicht wurde, steht, dass er seine erste Margarita am 4. Juli 1942 in Ciudad Juárez in Chihuahua servierte. Señor Morales starb im Alter von 78 Jahren im Januar 1997. Das Ministerium, das sein Material von Nachrichtenagenturen wie Notimex und Reuter hat, erzählt folgende Geschichte: Señor Morales arbeitete in Tommy's Bar, als eine Frau hereinkam und einen Cocktail bestellte, von dem er noch nie gehört hatte. Wie jeder gute Profi tat er so, als ob er Bescheid wüsste, und mixte einen Cocktail aus zerstoßenem Eis, Cointreau, Limettensaft und Tequila. Die Frau war begeistert, fragte nach dem Namen des Getränks, und die Margarita war geboren. Gabriel Morales, der Sohn des berühmten Barkeepers, behauptet, dass sein Vater den Drink nie patentieren ließ und daher mit seiner Erfindung nie einen Pfennig verdient hat. Tatsache ist, dass Señor Morales in die USA emigrierte, wo er 25 Jahre lang als Milchmann arbeitete, bis er 1981 in Rente ging. Morales' Sohn behauptet ebenfalls, dass sein Vater nie mit seiner Erfindung prahlte und sie nicht einmal mochte.

Klassische Margarita

4 cl	Tequila *blanco* (weiß)****
2 cl	Triple Sec oder Cointreau
1,5 cl	Limettensaft
	1 Spritzer Zuckersirup (nicht aromatisiert)

Alle Zutaten zusammen mit zerstoßenem Eis in den Mixer geben und kurz mixen. In einem breiten Cocktailglas mit Salzrand, einer Limettenscheibe und zwei kurzen Strohhalmen servieren.

Golden Margarita

4 cl	Tequila *añejo*****
2 cl	Grand Marnier
1,5 cl	Limettensaft

Alle Zutaten zusammen mit zerstoßenem Eis in den Mixer geben und kurz mixen. In einem Cocktailglas mit einer Limettenscheibe und zwei kurzen Strohhalmen servieren.

Strawberry Margarita

4 cl	Tequila *blanco* (weiß)***
2 cl	Cointreau oder Triple Sec
1,5 cl	Limettensaft
10 cl	tiefgekühlte oder frische Erdbeeren
	1 Spritzer Grenadine

Alle Zutaten zusammen mit zerstoßenem Eis in den Mixer geben und kurz mixen. In einem Cocktailglas mit einer Limettenscheibe und zwei kurzen Strohhalmen servieren.

Der klassische Margarita-Cocktail

Mexican Breeze

4cl	Tequila *reposado****
12 cl	Orangensaft
3 cl	Grapefuitsaft
3 cl	Ananassaft
0,5 cl	Limettensaft
	1 Spritzer Kirschlikör

Alles auf Eiswürfeln in ein großes Cocktailglas geben. Mit einer Limettenscheibe und einem langen Partystick dekorieren.

>>Sleeping Woman<< Tequila

4 cl	Tequila *blanco* (weiß)****
6 cl	Ananassaft
0,75 cl	weiße Crème de Menthe
10 cl	Guanábana-Frucht

Alle Zutaten zusammen mit zerstoßenem Eis im Mixer mischen. In einem Cocktailglas servieren, dekoriert mit einer Ananasscheibe, Cocktailkirschen und zwei kurzen Strohhalmen.

Submarine

6 cl	Tequila reposado***
	helles Bier zum Auffüllen

Ein *caballito* (Tequila-Schnapsglas) mit Tequila füllen. Ein umgedrehtes Glas darüber stülpen und das Ganze schnell umdrehen, während das *caballito* auf den Boden des größeren Glases gedrückt wird. Dann das Glas mit dem kaltem Bier auffüllen.

Links: Martini Pique
Rechts: Ökologische Bloody Mary

Martini Pique

7,5 cl	Tequila *blanco* (weiß)**
	ein paar Tropfen trockenen Wermut
	geriebene Schale von 1/2 Limette

Alle Zutaten mit drei Eiswürfeln in einen Cocktailshaker geben. Gut schütteln. In einem kalten Martiniglas servieren und mit einer Jalapeño-Chilischote und zwei Oliven dekorieren.

Ökologische Bloody Mary

3 cl   Tequila *blanco* (weiß)✳✳✳

9 cl   fertige Sangrita

1/2   frische Gurke, ausgehöhlt

Drei Viertel der Gurke schälen, das untere Ende bleibt ungeschält. Die Gurke aushöhlen.

Für die klassische, hausgemachte Sangrita werden Tomatensaft, Limettensaft, Salz, Pfeffer, Worcestershiresauce, und Orangensaft nach Belieben vermischt. Den Tequila mit der Sangrita in ein Glas geben und alles in die ausgehöhlte Gurke füllen. Mit einem Schnitz Wassermelone und einem Strohhalm dekorieren.

Parraschino Cocktail

Originalrezept des berühmten mexikanischen Architekten Manuel Parra.

1   Liter Tequila *reposado*✳✳✳

1   Hand voll Rosinen

       Schale von 1 Orange, in Streifen geschnitten

1   großer Bund Minze

1   Zimtstange

Den Liter Tequila in eine große Kanne (mit Deckel) gießen. Die anderen Zutaten dazugeben. Die Mischung mindestens 14 Tage oder bis zu zwei Monaten, stehen lassen. In caballitos servieren.

Tequila shot (pur)

6 cl   Tequila *blanco* (weiß)✳✳✳

6 cl   fertige *Sangrita*

Getrennt in caballitos servieren.

Maximilian's Tequila

4 cl   Tequila *añejo* *****
2 cl   Napoleon Mandarinenlikör

Die Zutaten direkt in einen Cognacschwenker füllen und mit einem Glas Mineralwasser zum Nachspülen servieren.

Highland Tequila

4 cl   Tequila *añejo* *****
2 cl   Drambuie-Likör

Die Zutaten auf Eiswürfeln in ein altmodisches Glas füllen und mit einem kurzem Partystick servieren.

Sombrero

4 cl   Tequila *reposado* ***
2 cl   Kahlua Kaffeelikör
2 cl   Sahne

Tequila und Sahne in den Mixer geben und gut mixen. Zusammen mit dem Kahlua in ein Glas geben.

Ráfaga (oder Gust of Wind)

3 cl   Tequila *blanco* (weiß) ***
1,5 cl   grüne Crème de Menthe
1,5 cl   Xtabentún (süßer Anislikör)

Alle Zutaten ohne Eis in einen *caballito* füllen. Dann wird das Getränk flambiert und mit einem langen Strohhalm serviert.

Links: *Tequila Sunrise*

Tequila Sunrise

4 cl   Tequila *blanco* (weiß) ***
       Orangensaft zum Auffüllen
1   Spritzer Grenadine
1   Spritzer Crème de Cassis

Alle Zutaten auf Eiswürfeln in einen Highball geben und mit einer Orangenscheibe, Cocktailkirschen und einem Strohhalm dekorieren.

Mexico on Fire

4 cl Tequila *añejo*****

1,5 cl Amaretto

Champagner zum Auffüllen

Alle Zutaten in eine Champagnerflöte geben. Mit einer Spirale aus Orangenschale und einer roten Cocktailkirsche servieren.

Tequila »Jade«

4 cl Tequila *blanco* (weiß)***

6 cl Midori

1,5 cl Limettensaft

10 cl Kiwi

Alle Zutaten zusammen mit zerstoßenem Eis in einen Mixer geben und gut mixen. In einem großen Glas servieren und mit einer Kiwischeibe und zwei kurzen Strohhalmen dekorieren.

Cucaracha

3 cl Tequila *blanco* (weiß)****

1,5 cl Kahlua

1,5 cl Cointreau

Alle Zutaten ohne Eis in ein Glas füllen. Das Getränk wird angezündet und mit einem langen Strohhalm serviert. (Der Strohhalm muss sofort ins Glas gesteckt werden, und der Cocktail wird ganz schnell ausgetrunken.)

Mexico on Fire

Kochen mit Tequila

Das Olivenöl in einem Kochtopf auf mittlerer Stufe erhitzen. Wenn es richtig heiß ist, die Zwiebeln hinzufügen und glasig braten. Den Knoblauch hineingeben. Hitze erhöhen und Pilze, Salz und Pfeffer in den Topf geben. Mit einem hölzernen Kochlöffel leicht umrühren, bis die Pilze bissfest sind. Die Pilze mit dem Tequila übergießen und flambieren. Etwas Flüssigkeit verdampfen lassen. Die Pilze auf Tellern anrichten

Für die Chiliringe: 2 Esslöffel Öl in einer kleinen Pfanne bei starker Hitze erwärmen. Chiliringe hinzufügen und unter Rühren knusprig braten. Die Ringe abtropfen lassen, salzen und zum Servieren auf die Pilze geben.

Ceviche

(ergibt sechs Portionen)

1/2 kg Sierra (Makrele), geputzt und in 2,5 cm große
    Würfel geschnitten

1/2 Tasse Limettensaft

1/2 Tasse Orangensaft

1/2 Tasse Tequila und etwas zum Beträufeln

2   Esslöffel Tomatenketschup

400 g Tomaten, entkernt und gehackt

3   Esslöffel Zwiebeln, gehackt

2   Esslöffeln Cilantro (Korianderblätter), fein gehackt

2   Esslöffel Jalapeño-Chili aus der Dose, gehackt

1   Teelöffel getrockneter Oregano

1 1/2 Teelöffel Salz oder nach Geschmack

2   mittlere Avocados, fein gewürfelt

2   Esslöffel Olivenöl

Den Fisch in eine Glasschale geben und Orangen- und Limettensaft sowie Tequila darüber gießen. Mit Frischhalte-

Pilze mit Guajillo-Chili

(ergibt sechs Portionen)

4   Esslöffel Olivenöl

2   Esslöffel Zwiebeln, fein gehackt

4   Knoblauchzehen

1/2 kg geputzte Pilze, in Scheiben geschnitten

1   Teelöffel Salz
    Frisch gemahlener Pfeffer

4   Esslöffel Tequila

2   Esslöffel Öl

2   große Chilischoten, gesäubert, in Ringe geschnitten

folie bedecken und für mindestens drei Stunden ins untere Kühlschrankfach stellen, bis der Fisch undurchsichtig, ist. Ab und zu wenden, damit der Fisch gut durchzieht.

Den Fisch vorsichtig mit Tomaten, Ketschup, Zwiebeln, Cilantro, Chili, Oregano und einer der Avocados vermengen. Salz und Olivenöl hinzufügen. Die restliche Avocado oben auf das Gericht setzen. Kalt servieren.

Lachs in Tequila mariniert

(ergibt zwei Portionen)

2   Scheiben geräucherter Lachs (à 60 g)
4   Esslöffel Tequila
    Öl zum Anrichten
4   Esslöffel Tomaten, entkernt und gewürfelt
2   Esslöffel Frühlingszwiebeln, fein gehackt
1   Esslöffel Cilantro (Koriander), fein gehackt
1   Serrano-Chilischote, gehackt und entkernt
    Salz
2   Esslöffel angebratene Bohnen
2   Tostadas (gebratene Tortillas), mit ca. 10 cm Durchmesser
1   Bund (150 g) Spinatblätter
    Öl zum Frittieren und Salz

In zwei tiefen Tellern je eine Lachsscheibe in zwei Esslöffeln Tequila marinieren. Die Teller mit Folie abdecken und den Fisch 30 Minuten stehen lassen. Tomaten, Frühlingszwiebeln, Koriander, Chili und Salz vorsichtig vermischen. Einen Löffel angebratene Bohnen auf jede Tostada geben.

Den Spinat säubern (aber nicht waschen), und in 1 cm große Stücke schneiden.

Öl in der Fritteuse erhitzen (ca. 4 cm hoch) und den Spinat im Frittiereinsatz hineintauchen. Ab und zu mit einem perforierten Löffel umrühren. Wenn die Blätter knusprig sind den Einsatz herausnehmen und den Spinat abtropfen lassen, auf Küchenkrepp geben und mit Salz bestreuen.

Zum Anrichten: Die Lachsscheiben auf einem flachen Teller mit Öl einreiben. Die Tostadas mit den Bohnen auf zwei Teller geben und die Tomatenmischung verteilen. Die Lachsscheiben darauf legen, und daneben den frittierten Spinat.

Schrimps mit Orangen-Julienne

(ergibt sechs Portionen)

24	mittelgroße, küchenfertige Schrimps
	Wasser
1	kleine Zwiebel
2	Knoblauchzehen
2	Teelöffel Salz
3	Esslöffel Butter
1	Esslöffel Zwiebeln, fein gehackt
2	Serrano-Chilischoten, fein gehackt
4	Esslöffel Orangen-Julienne
1/2	Tasse Tequila
3	Esslöffel Cilantro (Koriander), fein gehackt

Für die Julienne: Mit einem Kartoffelschälmesser sehr feine Streifen von der Schale einer Orange schälen. Die Streifen in ein Sieb geben und zuerst in kochendes Wasser, dann sofort unter fließendes kaltes Wasser halten. Wiederholen Sie diesen Vorgang drei Mal, damit der bittere Geschmack verschwindet. Die Julienne trocken tupfen.

Für die Schrimps: Das Wasser mit Zwiebeln, Knoblauch und Salz in einem Topf zum Kochen bringen. Schrimps hinzugeben und kochen lassen, bis sie rosa sind.

Die Butter in einer Bratpfanne erhitzen. Die gehackten Zwiebeln hineingeben. Die Schrimps hinzufügen und leicht anbraten. Dann die Chilischoten und die Orangenjulienne dazugeben. Das Ganze mit Tequila flambieren und mit Koriander und Salz bestreuen.

Rindermedaillons in betrunkener Sauce

(ergibt vier Portionen)

Für das Fleisch

4   Filets Mignon (ungefähr 200 g pro Stück)

8   Esslöffel (ca.) Pasilla-Chilikerne

     Öl

Die Chilikerne auf die Arbeitsplatte streuen und den äußeren Rand der Filets darin wälzen, sodass die Kerne gut am Fleisch haften bleiben. Etwas Öl in einer Steakpfanne erhitzen und die Filets wie gewünscht braten.

Für die Sauce:

25 g   *Pasilla*-Chilischoten

1   Tasse Orangensaft

1   Knoblauchzehe, gehackt

1/2   Tasse Tequila

1   Esslöffel Olivenöl

3   Esslöffel Zwiebeln, gehackt

75 g   Panela-Käse, zerkrümelt

1/2   Teelöffel Salz (oder nach Belieben)

Die Chilischoten putzen und Stielansätze und Kerne entfernen. Auf einem comal oder in einer gusseisernen Pfanne rösten. Die Chilischoten mit Knoblauch und Orangensaft in den Mixer geben und ein paar Minuten lang pürieren. Dann den Inhalt in eine Saucenschüssel füllen und mit Tequila, Olivenöl, Zwiebeln, Käse und Salz vermengen.

Oben: Rindermedaillons in betrunkener Sauce

schweinelende mit Pflaumen

(ergibt vier Portionen)

1/2   kg Schweinelende

10   Backpflaumen

4   Esslöffel Öl

1/2   Tasse Lauch, fein geschnitten

2   Nelken

2   Piment

1   Zimtstange (4 cm)

2   kleine Lorbeerblätter

1   kleiner Thymianzweig

1/2   Tasse Tequila

1   Tasse Orangensaft

1   Tasse Wasser

1   Teelöffel Bovril, Salz und Pfeffer

Die Schweinelende mit den Backpflaumen füllen und das Fleisch mit Salz und Pfeffer einreiben. Von allen Seiten in einem Topf mit heißem Öl anbräunen, dann 20 Minuten im vorgeheizten Ofen (140 °C) braten. Das Fleisch aus dem Ofen holen und mit Tequila flambieren. Dann weitere 30 Minuten im Ofen braten und zwei bis drei Mal mit der Fleischbrühe begießen. Die Sauce kräftig durch ein Sieb passieren, damit möglichst viel Flüssigkeit entsteht. Die Schweinelende in Scheiben schneiden und die Sauce darüber geben.

Marmoriertes Schokoladendessert

(ergibt sechs Portionen)

1   Tafel Schokolade (100 g)

1   Tasse Schlagsahne

3   Esslöffel Tequila

2   Esslöffel Puderzucker

Die Schokolade im Wasserbad mit zwei Teelöffeln Sahne und dem Tequila schmelzen. Dann abkühlen lassen.

Die restliche Sahne steif schlagen und den Zucker hineingeben. Die Schokolade so unter die Sahne heben, dass ein Marmoreffekt entsteht. In einer Glasschüssel servieren.

Mousse Margarita

(ergibt acht Portionen)

2   Teelöffel Gelatine

1/2   Tasse Zucker

1   Prise Salz

4   Eier, getrennt

4   Esslöffel Limettensaft

2   Esslöffel Wasser

1/2   Tasse Tequila

1/2   Tasse Triple Sec

1/2   Tasse Zucker

      geriebene Limettenschale

      ein paar Tropfen grüne Lebensmittelfarbe

Gelatine, 1/2 Tasse Zucker und eine Prise Salz in einem mittelgroßen Topf vermischen. – Die Eigelbe schaumig schlagen und Limettensaft und Wasser dazugeben. Gut verrühren und über die Gelatine geben. Die Mischung auf mittlerer Hitze erwärmen und umrühren, bis sich die Gelatine aufgelöst hat. Vom Feuer nehmen. Tequila, Triple Sec, Limettenschale und grüne Lebensmittelfarbe hinzufügen und alles gut vermischen. Das Eiweiß steif schlagen und langsam die andere 1/2 Tasse Zucker einrühren. Wenn sich die Tequilamischung zu setzen beginnt, das Eiweiß unterheben. In einer breiten Glasschüssel oder in Portionsgläsern servieren und mit Orangenblüten dekorieren.

Rechts: Mousse Margarita

Anmerkungen

1. Ein Lied, das E. Cortázar vor 60 Jahren über den Tequila komponiert hat. Cocula und Tecalitlán sind zwei Gemeinden in Jalisco. San Pedro bezieht sich auf San Pedro Tlaquepaque, eine Gemeinde, die heute an der Grenze zu Guadalajara liegt. Der Ort ist berühmt für sein kunstvolles Glasbläser- und Töpfereihandwerk, die Mariachi-Musik und die besten Ziegen (birria)- und Kalbfleischgerichte des Landes.

2. Mayahuel, die Göttin der Fruchtbarkeit und der Maguey, hatte mehrere Ehemänner und 400 Söhne. All ihre Söhne waren Kaninchen. Der zweite Sohn hieß Ome Tochtli (ome, »zwei«, und tochtli, »Kaninchen«, also »Kaninchen Nummer zwei«). Zwei Kaninchen ist eigentlich ein Datum im Aztekischen Kalender. Die Mexikaner hatten eine Kaninchenskala, um den Betrunkenheitszustand zu messen, von sehr wenig (ein paar Kaninchen) bis zu 400 Kaninchen, was bedeutete, dass man bereits kurz davor war, mit den Göttern zu sprechen.

3. Die beiden Wörter Maguey und Agave werden nun synonym verwendet, führen aber zu einiger Verwirrung. Aus vielen Varietäten der Maguey- oder Agavenpflanze wird Pulque und andere Mezcals, die nicht Tequila sind, gemacht. Der Tequila wird ausschließlich aus der ganz besonderen Agave tequilana Weber azul (blaue Agave) gewonnen.

4. Tequila, der in Flaschen gefüllt und in die USA exportiert wird, darf höchstens 40 Grad GL haben. In Europa gibt es kein Limit, obwohl es normalerweise bei 38 Grad GL gesetzt wird, da höherprozentige Alkoholgetränke einer höheren Steuer unterliegen.

5. Es ist eine gängige Praxis, Tequila in Fässern zu altern, die früher Kentucky-Bourbon enthielten. Auch Cognacfässer werden verwendet.

6. Offiziell wurde Tequila nicht immer so genannt und war eine kleine Siedlung, kein Dorf. 1656 bekam es den Namen Villa de Torres Argos de Ulloa y Chávez, zu Ehren des Gouverneurs des Königreiches von »Nueva Galicia«. 1785 war es laut Überlieferung von »60 Spaniern, 80 Indianern und 162 Helfern« bewohnt.

7. Don Felipe Gómez Arámbula, ein Angesteller der Federal Electrical Commission in Tequila, Jalisco, gab uns Kopien seiner persönlichen Aufzeichnungen und Dokumente aus den Büchereien von Tequila und vom Gemeindeministerium von Amatitán.

8. Es gab wahrscheinlich ein früheres La Rojeña, das von Nicolás Rojas vor 1750 gegründet wurde, aber die Verwandtschaftsverhältnisse zwischen den beiden Rojas ist unklar. Vielleicht waren sie Vater und Sohn.

9. Die restlichen 45 Prozent gehören ausländischen Gesellschaften wie Grand Metropolitan aus Großbritannien (inzwischen Teil von Diageo). Die Zusammenarbeit von Tequilaherstellern und internationalen Vertriebsketten wird später im Buch erklärt.

10. La Gallardeña gehörte Herrn Gallardo. Seine Enkelin und Urenkelin erbten Cuervo. Ein Lied erzählt davon, dass sie »alle Hexen waren«. Tatsächlich waren sie Alchemisten, die in Tequila, Jalisco und Umgebung wohnten.

11. Diese Fässer, botijas genannt, waren runde Behälter aus Ton, die siebenmal mehr fassten als die heutigen Fässer.

12. Grand Metropolitan, heute Teil von Diageo, ist Cuervos Hauptvertriebspartner.

13. Diese Gesellschaft ist mit Hiram Walker & Sons verbunden und Teil des gigantischen englisch-spanischen Konsortiums Allied Domecq. Diese Firma managt die gesamten Exporte für Sauza.

14. Tequila Cuervo, S.A. de C.V. (Fabrik La Rojeña) ist berechtigt, den Regulierungscode NOM 1104 zu verwenden.

15. Casa Cuervo, S.A. de C.V., NOM 1122

16. Die Familie Orendain gründete in diesem Jahrhundert viele Brennereien in Tequila und in anderen Gemeinden Jalisco.

Heute besitzt jeder der Brüder Orendain seine eigene Brennerei, obwohl die Firma wie ein Konsortium geführt wird.

17. Oder La Cofradía, eine ähnliche Gesellschaft, die praktisch dieselben Dienstleistungen anbietet.

18. Diese Brennerei wurde zu zwei Fabriken, die zu Tequila 7 Leguas gehören. Informationen darüber finden sich weiter unten im Text.

19. Fernando unterschreibt mit dem Namen »7 Gonzalez«, weil er der siebte Sohn ist.

20. Bob Emmons: *The Book of Tequila: A Complete Guide* (Chicago, Open Court, 1997), 183.

21. Ebenfalls der Name des großen Waldes in Jalisco, der Hunderte von Hektar bedeckt. Heute steht er unter Naturschutz.

22. Siehe Bewertung im letzten Kapitel. Die anderen sind 7 Leguas Blanco und Herradura Blanco.

23. Offizielle Norm NOM-006 des Ministeriums für Handel und Industrielle Entwicklung, Federal Government, 1994.

24. Ausnahmen gelten für Flaschen, die für den Export bestimmt sind.

25. Exportierte Flaschen müssen den Handelsabkommen wie der NAFTA entsprechen. Oft wird der Inhalt auch in Ounces angegeben.

26. Als Gefäße können auch Kürbisse verwendet werden, wenn die Haut getrocknet ist. Früher bewahrte man Mezcal und andere Flüssigkeiten oft in solchen Behältern auf.

27. Pedro Infante zu seinem Diener in dem Film Los Tres García von Ismael Rodriguez. Vor kurzem haben Hersteller wieder begonnen, diese Flaschen zu machen, vielleicht, weil es die Nostalgie für die Filme aus der Epoca de Oro, der »Goldenen Ära des mexikanischen Films« weckt.

28. *»In axcan aocmo in A mazteca, ye an Mexica. Oncan oquin nacazpotonique inic oqui ini toca in Mexica.«* Die Übersetzung ist dem Originalmanuskript von Don J. Fernando Ramírez entnommen und zitiert in: Vicente Riva Palacio et al.: México a través de los siglos (facsimile ed., Editorial Cumbre, 1984, Bd. 2).

29. Pater Hildalgo sanktionierte eine Massenexekution. Bei seinem Prozess vor Gericht wurde er gefragt, warum er zugelassen hätte, dass all diese Leute ohne eine Gerichtsverhandlung getötet wurden. Er antwortete: »Warum hätte man sie verurteilen sollen? Sie waren doch alle unschuldig.«

30. Heute tragen die mexikanischen Charro-Cowboys andere Kleidung. Die Galakostüme werden nur noch zu besonderen Anlässen hervorgeholt, und eine einfache, elegante Tracht dient für andere Gelegenheiten. Sie wollen nämlich nicht für Mariachis gehalten werden.

31. Ein traditionelles Gericht ist *chiles en nogada*, ein Rezept für Poblano-Chili mit süßem Rinderhackfleisch gefüllt, bedeckt mit einem Nugat aus weißer Sahne und dekoriert mit Granatapfelkernen. Es hat dabei genau die Farben der mexikanischen Flagge.

32. Das Tequila-Ministerium (Ministry of Tequila) ist ein URL im Internet. Die Site wird von vielen Tequilafans besucht, die ihre Erfahrungen, Empfehlungen und anderes weitergeben wollen. Auf einer der Seiten ist der Nachruf auf Francisco Morales abgedruckt, sowie ein Artikel über seine Erfindung des Margarita-Cocktails. Die Adresse ist:

http:\\www.meteorite.net\tequila

Tequila!

Die schönsten Bilder,
Legenden und Rezepte
um Mexikos Lebenselixier